G. Lohfink

DER LETZTE TAG JESU

Gerhard Lohfink

DER LETZTE TAG JESU

Die Ereignisse der Passion

Herder
Freiburg · Basel · Wien

ZWEITE AUFLAGE

Herstellung: Freiburger Graphische Betriebe 1981
ISBN 3-451-18589-X

Für Elfriede und Walter Kirchner

Inhalt

Vorwort

Die Passion Jesu war kein heiliges Spiel und das Kreuz Jesu nicht jenes dekorative Gebilde, zu dem es später vom christlichen Kunsthandwerk gemacht worden ist. Wenn man die Leidensgeschichte regelmäßig im Gottesdienst hört, kann man sie freilich im Sinne eines heiligen Spiels mißverstehen, und ihre Figuren können allmählich wie in den Goldgrund einer Ikone hineintreten. Aufgabe der historisch-kritischen Exegese müßte es gerade sein, diesen Gewöhnungs- und Sakralisierungseffekt immer wieder zu durchbrechen. Die Exegeten müßten stets von neuem darauf hinweisen, was die Passion Jesu wirklich war: ein höchst konkretes Geschehen inmitten von sehr realen Mächten, die ihre Interessen mit tödlichem Ernst durchgesetzt haben.

Allerdings sind die radikalen Skeptiker unter den Exegeten dieser Aufgabe offenbar wenig gewachsen. Denn ihre Hermeneutik des Mißtrauens, die in allem nur noch Legenden, literarische Kompositionen und Interpretamente sieht und dabei den Boden der historischen Realität unter den Füßen verliert, macht das reale Geschehen der Passion fast unzugänglich. Der anstößige und blutige Tod Jesu am Kreuz kann auf diese Weise gar nicht mehr anschaulich werden.

Die folgende Darstellung möchte dem entgehen. Sie will den Ereignissen der Passion nachgehen, sie will fragen, was wirklich geschehen ist – und zwar durchaus im Licht der kritischen Evangelienforschung, aber ohne jene radikale Skepsis, die den sorgsam überlieferten und ängstlich gehüteten Legenden der Kritik mehr vertraut als den Evangelien selbst.

Die Thematik ist bewußt begrenzt: Weder das letzte Mahl Jesu noch die Osterereignisse kommen zur Sprache, sondern nur der Tag, an dem Jesus starb. Aber selbst von dem Geschehen dieses einen Tages bleibt vieles ausgeklammert. So werden alle theologischen Deutungen der Passion, an denen die Leidensgeschichte der Evangelien überreich ist, bewußt beiseite gelassen. Was damals wirklich geschehen ist, kommt deshalb auch nur *einseitig* zur Sprache. Erst die sinnenthüllende Deutung im Licht des Glaubens vermag das wahre Ausmaß des Geschehens zu zeigen. Aber diese Einseitigkeit ist bewußt gewählt. Sie soll deutlich machen, daß die hier gebotene Darstellung keine Konkurrenz und erst recht kein Ersatz für die Passionsgeschichten der Evangelien sein kann. Alle historische Durchdringung der Passion, wenn sie mit gläubigen Augen geschieht, muß am Ende wieder hinführen zu den Evangelien selbst, in denen uns der Sinn der damaligen Ereignisse unüberholbar und maßgebend erschlossen ist.

Tübingen 1980, am Fest des heiligen Stephanus

Gerhard Lohfink

1. Der Konflikt

An einem Freitag vor über 1900 Jahren, wahrscheinlich am 7. April des Jahres 30 n. Chr., wurde Jesus von Nazaret auf einem Hügel nahe der Stadt Jerusalem als politischer Verbrecher hingerichtet. Das Jahr seines Todes ist allerdings nicht mehr mit letzter Sicherheit festzustellen. In Betracht kommen auch die Jahre 31 und 33. Aber ein exaktes Wissen der Jahreszahl hat wenig Bedeutung. Viel wichtiger ist die Frage, wie es überhaupt zur Verurteilung und Hinrichtung Jesu kommen konnte.

Man muß sich darüber im klaren sein, daß damals in Jerusalem ein Konflikt seine letzte Zuspitzung erfuhr, der bereits in Galiläa begonnen hatte: Jesus ist schon bald nach seinem ersten Auftreten auf Gegnerschaft gestoßen (vgl. Mk 3,6), und diese Gegnerschaft hat sich immer mehr verstärkt.

Es wäre allerdings leichtfertig, einfach von

den Juden als seinen Gegnern zu sprechen. Jesus war ja selbst Jude, und all seine Freunde, Anhänger und Sympathisanten waren Juden. Will man die Gegner Jesu genauer kennzeichnen, so ist sorgfältig zwischen einzelnen Gruppen zu unterscheiden.

Diejenige gegnerische Gruppe, die in den Evangelien am häufigsten genannt wird, ist die Vereinigung der *Pharisäer*. Es handelt sich hierbei um eine einflußreiche Laienbewegung, die in „Gefährtenschaften" bzw. „Gemeinschaften" (im Hebräischen: ḥaburot) organisiert war und die überall im Land ihre Anhänger und Niederlassungen hatte. Die Führer und die bedeutendsten Mitglieder der pharisäischen Gemeinschaften waren *Schriftgelehrte*. Allerdings waren längst nicht alle Schriftgelehrten auch Pharisäer. Die Vereinigung hatte sich entwickelt, als nach den makkabäischen Befreiungskriegen die „Befreier", obwohl selbst Juden, ein Herrschaftssystem aufbauten, das mindestens genauso korrupt war und genauso entfernt von der wahren Tradition Israels wie die vorangegangene jüdische Kollaboration mit der Fremdherrschaft der hellenistischen Großreiche. Von ihren Anfängen her waren die Pharisäer also so etwas wie eine konservative Protestbewegung. Ihr Konservatismus darf allerdings nicht zu einseitig gesehen werden. Über das mosaische Gesetz hinaus pflegten die Pharisäer nämlich besonders die mündliche Auslegungstradition, um mit deren Hilfe die alten biblischen Gesetzesvorschriften für die Gegenwart verständlich und praktizierbar zu machen. Im Gegensatz zu anderen jüdischen Gruppen schlossen sich die Pharisäer nicht vom Volke ab, sondern suchten es zu einem sinnvollen Gesetzesgehorsam zu erziehen. Da sie das Volk zudem immer wieder gegen die Ansprüche der Mächtigen in Schutz nahmen, hatten sie die einfachen Leute auf ihrer Seite und standen gerade bei ihnen in hohem Ansehen. Im ganzen war ihr religiöser Eifer tief und echt. Nur so wird das harte Aufeinanderprallen mit Jesus überhaupt verständlich.

Sie begegnen in Jesus einem Menschen, der wie sie tief gläubig ist und der trotzdem die Überlieferung der Väter, ja, wenn notwendig sogar das Gesetz des Mose beiseite schieben kann, um in einer unerhört freien und radikalen Weise nach dem wirklichen Willen Gottes zu fragen. Zwar findet sich auch bei den Pharisäern in ihrem Bemühen um die Aktualisierung des Gesetzes eine gewisse Freiheit gegenüber der Tradition. Aber sie können die radikale Freiheit, in der Jesus spricht und handelt, nur als ungeheuerliche Anmaßung und Gotteslästerung empfinden. Ihnen gilt die Schrift und die aktualisierende Auslegung der Schrift durch die „Väter" alles, Jesus hingegen geht es über alle Tradition hinaus um den Willen Gottes, der sich *jetzt,* in der Stunde seines Auftretens, kundtut.

Genau an dieser Stelle wird die Grenze der pharisäischen Bewegung deutlich. Sie rechnete zwar durchaus mit einem künftigen Eingreifen Gottes in die Geschichte. Trotzdem war sie letztlich nicht in der Lage, eine ganz neue Heilszukunft, die den Rahmen des Alten sprengen könnte, ins Auge zu fassen. In der „Königsherrschaft Gottes" würde sich nur *in vollkommener Form* fortsetzen, was Israel jetzt schon in seinem Gesetz bekannt war. Nach pharisäischer Auffassung hieß deshalb *den Willen Gottes auslegen* das gesamte Gesetz und sämtliche Aussprüche früherer Gesetzeslehrer zu Rate ziehen. Jesus tut nichts dergleichen. Er tritt mit dem Anspruch auf, den Willen Gottes auch ohne schriftgelehrte Methodik neu und definitiv zu verkünden. Nirgendwo ist dieser ungeheuerliche Anspruch besser gedeutet als in den Antithesen der Bergpredigt: „Ihr habt gehört, daß zu den Alten gesagt worden ist... Ich aber sage euch..." (Mt 5, 21–48). Mehr noch: Jesus legt nicht nur das Gesetz neu und radikal auf den endzeitlichen Willen Gottes hin aus, er tritt auch mit dem Anspruch auf, in seiner Verkündigung und in seinen Zeichenhandlungen die neue Heilszeit des Reiches Gottes bereits zu eröffnen. Das Bestürzende dabei ist die Bindung des Neuen an seine eigene Person und gerade nicht an das Heilshandeln Gottes in der Vergangenheit. Jesus tritt mit dem geradezu erschreckenden Anspruch auf, daß das endgültige Heil Gottes durch seine eigene Verkündigung und durch seine eigenen Zeichenhandlungen beginnt.

Erst dieser Anspruch, verbunden mit dem Heilszuspruch an die Sünder, macht den ständigen Konflikt Jesu mit den Pharisäern voll verständlich. Die Extremisten unter ihnen müssen zutiefst überzeugt gewesen sein, daß Jesus um des Glaubens Israels willen zu beseitigen war (vgl. Mk 3,6). Jesu Verstöße gegen Gesetz und Tradition ließen ihn als *Verführer des Volkes* erscheinen (Mt 27,63; Joh 7,12.47). Und als *Gotteslästerung* mußte gelten, wenn er so redete und handelte, als würde er selbst an der Stelle Gottes stehen. Verführer und Gotteslästerer aber waren nach dem mosaischen Gesetz (vgl. Dtn 13,2–12) und seiner schriftgelehrten Auslegung zu töten. Die Gegner Jesu unter den Pharisäern werden deshalb auch überzeugt gewesen sein, Gott mit einem solchen Vorhaben einen Dienst zu erweisen. Man tut ihnen unrecht und verharmlost ihre Auseinandersetzung mit Jesus, wenn man ihnen andere Motive unterstellt.

Eine zweite Gruppe, mit der Jesus dann vor allem in Jerusalem konfrontiert wurde, war die der *Sadduzäer*. Der Richtung der Sadduzäer gehörte die reiche Oberschicht der Jerusalemer Bevölkerung und vor allem der priesterliche Hochadel an. Deshalb handelt es sich auch stets um Sadduzäer, wenn in den Evangelien von den *Hohenpriestern* die Rede ist. Die Sadduzäer waren die staatstragenden Kreise seit der Rückkehr Israels aus dem Exil; aus ihrer Machtstellung sind sie lediglich zeitweise durch die Hasmonäer und Herodianer verdrängt worden. Im Gegensatz zu den Pharisäern verwarfen sie eine Aktualisierung des Gesetzes durch mündliche Tradition. Für sie war allein der Buchstabe des mosaischen Gesetzes maßgebend; im übrigen erlaubten sie sich dann alles, was ihnen sinnvoll erschien – auch eine starke kulturelle Anpassung an die hellenistisch-römische Welt. Endzeitliche Erwartungen lehnten sie auf das strikteste ab. Das Kultisch-Rituelle stand ganz im Mittelpunkt ihrer Religiosität.

Ihr entscheidender Repräsentant, der jeweils amtierende Hohepriester, war zur Zeit Jesu nicht nur das geistliche Oberhaupt der Juden, sondern er besorgte im Auftrag der römischen Besatzungsmacht auch die territoriale Verwaltung der Provinz Judäa. Die Sadduzäer hatten also Erfahrung mit der Macht, und sie hatten Erfahrung mit der Politik. Sie wollten offensichtlich in der delikaten politischen Situation Judäas jede Störung vermeiden, weil sonst die Gefahr drohte, daß der letzte Rest jüdischer Freiheit verlorenging. Sie waren wohl der Meinung, man dürfe die jesuanische Bewegung nicht weiter um sich greifen lassen, weil sonst sehr schnell etwas entstehen könnte, das die Römer zu Repressalien gegen die jüdische Selbstverwaltung führen müßte.

Allerdings werden auch für die Gegnerschaft der Sadduzäer gegen Jesus religiöse Gründe entscheidend gewesen sein. Jesu endzeitliche Botschaft gefährdete ihr statisch-institutionelles Denken. Vor allem aber wurde ihre Position durch die Tempelkritik Jesu auf das tiefste getroffen. Jesus muß in einer nicht mehr vollständig rekonstruierbaren Situation demonstrativ gegen die sadduzäisch-priesterliche Tempelideologie Stellung genommen haben. Und zwar durch ein prophetisch zugespitztes Wort, das von der eschatologischen Zerstörung des Tempels, aber auch von seiner wunderbaren Neuerrichtung durch Gott sprach. Es könnte etwa folgendermaßen gelautet haben:

„Dieser Tempel wird zerstört werden
und in drei Tagen wieder aufgebaut.“
(Vgl. Mk 13,2f; 14,58; Joh 2,19.)

Wohl im Zusammenhang mit diesem provozierenden Tempelwort erfolgte eine prophetische

Zeichenhandlung, die sogenannte Tempelreinigung (vgl. Mk 11,15–19.27f). Mit all dem hatte Jesus die für den Sadduzäismus schlechthin zentrale Institution, die in dessen Augen die ständige Entsühnung des Landes garantierte, in Frage gestellt.

Als dritte Gruppe, die gegen Jesus eingestellt war, werden in den Evangelien die *Herodianer* genannt (Mk 3,6; 12,13). Es handelt sich hierbei um Anhänger und Günstlinge des herodianischen Herrscherhauses. Zur Zeit des öffentlichen Auftretens Jesu regierte in Galiläa und Peräa Herodes Antipas, ein Sohn Herodes des Großen. Herodes der Große hatte auch Judäa beherrscht; jetzt jedoch war seine Familie von den Römern in Randgebiete abgedrängt. Die Parteigänger der Dynastie saßen aber nicht nur in Galiläa und im Ostjordanland, sondern mit Sicherheit auch in Jerusalem (vgl. Mk 12,13) und warteten dort auf ihre Stunde. Daß sie jesusfeindlich eingestellt waren, dürfte politische Gründe gehabt haben. Ihnen mußte jede Bewegung, die zu einer religiös bestimmten Volksbewegung werden konnte, ganz und gar unerwünscht sein. Die sowieso schon komplizierte jüdische Situation würde in ihren Augen so nur noch schwieriger werden, und die eigenen Herrschaftschancen geringer.

Jesus hatte allerdings im Land nicht nur Feinde. Ein Teil des Volkes, vor allem in Galiläa, stand ihm aufgeschlossen gegenüber. Diese Aufgeschlossenheit ging sogar bis in die Reihen der ihm feindlichen Gruppen hinein. In Mk 12, 28–34 wird ein Gespräch mit einem Schriftgelehrten völlig positiv geschildert. Wie das Beispiel des Josef von Arimathäa (Mk 15,43) und wie die Entwicklung der Urgemeinde nach Ostern zeigt, hatte Jesus auch in Jerusalem Sympathisanten. Vor allem aber sammelte sich im Lauf der Zeit ein Kreis von Anhängern und Schülern um ihn, der ihn auf seinen Wanderungen begleitete.

Gern würden wir wissen, wie die Gemeinschaft der *Essener,* die wir heute durch die Qumranfunde viel genauer als frühere Forschergenerationen kennen, zu Jesus eingestellt war. Die Essener wollten wie Jesus die endzeitliche Sammlung und Erneuerung Israels. Allerdings suchten sie diese Erneuerung – ganz im Gegensatz zu Jesus – dadurch zu erreichen, daß sie sich zurückzogen in ihre Gemeinschaft und diese als heiligen Bereich betrachteten, in dem allein kultische Reinheit möglich war. Auffälligerweise wird uns kein einziger Zusammenstoß zwischen Jesus und Essenern überliefert. Ihre Gemeinschaft wird in den Evangelien nicht einmal genannt. Lehnten sie, wie der Großteil der Pharisäer, Jesus ab? Oder beobachteten sie sein Auftreten, trotz aller Unterschiede zu ihm, mit einer gewissen Sympathie?

Wenn man die Frage nach den Gründen stellt, die zum Tod Jesu geführt haben, darf jedenfalls nicht nur von den Pharisäern, den Sadduzäern, den Hohenpriestern und den Herodianern gesprochen werden. Daß Jesus am Kreuz endete, wurde auch verursacht durch die Gleichgültigkeit sehr vieler, die sich um seine Botschaft gar nicht kümmerten, und wurde mitverursacht durch das Abwarten derer, die sich nicht zu schnell entscheiden wollten. Jesu Botschaft mußte Israel in eine tiefe Krise hineinführen. Sie forderte eine radikale Entscheidung. Wer sich nicht entschied oder die Entscheidung hinauszögerte, entschied, ob er wollte oder nicht, gegen Jesus. Offensichtlich hat Jesus, im ganzen gesehen, nicht genügend Glauben gefunden. Seine Gegner konnten die Ereignisse in ihrem Sinne in die Hand nehmen.

2. *Der Todesbeschluß*

Wir wissen nicht, wann genau beschlossen wurde, daß Jesus hingerichtet werden müsse. Jedenfalls hat sich vor jenem letzten Paschafest, zu dem Jesus nach Jerusalem hinaufgezogen ist, die Situation bis aufs letzte zugespitzt. Wie schon angedeutet, hat aller Wahrscheinlichkeit nach die sogenannte Tempelreinigung und das hierbei von Jesus gesprochene Tempelwort den letzten Anstoß gegeben. Was den Tempel betraf, war man in Jerusalem besonders allergisch. Denn der Tempel war nicht nur das große religiöse Symbol Israels, er sicherte der Stadt auch wirtschaftliche und gesellschaftliche Macht.

In Mk 14,1–2 wird berichtet, daß die Hohenpriester und Schriftgelehrten nach einer Möglichkeit suchten, Jesus in ihre Gewalt zu bringen, um ihn zu töten. Sie waren dabei allerdings der Meinung: „Ja nicht in der zum Fest versammelten Menge, damit es im Volk keinen Aufruhr gibt." Jesus sollte also nicht in der Öffentlichkeit, in der Menge der Pilger, festgenommen werden. Seine Verhaftung sollte ohne jedes Aufsehen vor sich gehen, denn man rechnete mit Stellungnahmen des Volkes für ihn, wohl vor allem von seiten der Galiläer und der einfachen Landbevölkerung. Zweifellos war das sehr realistisch gedacht. Zum Paschafest strömten riesige Pilgerscharen in die Heilige Stadt, unter denen mit Sicherheit viele Menschen waren, die Jesus kannten und positiv beurteilten. Außerdem stiegen gerade zum Paschafest endzeitliche Erwartungen sprunghaft in die Höhe. Aus diesem Grund war es vom Standpunkt der jüdischen Behörde aus völlig konsequent, wenn sie die Verhaftung Jesu in aller Stille und ohne Öffentlichkeit vornehmen wollte. Daß Judas Iskariot, ein Mann aus dem Kreis der Zwölf, für eine reibungslose Verhaftung seine Mithilfe anbot, mußte der Führung hochwillkommen sein.

Man hat sich oft gefragt, worin denn nun eigentlich der „Verrat" des Judas bestanden habe. Die Antwort ist im Grunde einfach: Sein Verrat bestand darin, daß er die jüdische Obrigkeit über einen geeigneten Ort und eine geeignete Zeit für die Festnahme informierte. Viel gerätselt wurde auch darüber, welche Motive Judas für seinen Verrat gehabt habe. Die frühchristliche Legende, deren Wucherungen bereits im Neuen Testament beginnen, hat ihm ganz gewöhnliche und primitive Geldgier unterstellt (vgl. Mt 26,14–16; Joh 12,6). Damit haben sich jedoch viele Ausleger nicht zufriedengegeben. Zeitweise war die Deutung beliebt, Judas sei mit hochgespannten national-messianischen Erwartungen zu Jesus gestoßen, sei von ihm aber gerade in dieser Hinsicht tief enttäuscht worden und habe sich deshalb zu seinem Verrat entschlossen. Das bleibt jedoch reine Spekulation, die nicht zu beweisen ist, so wenig wie die angebliche Geldgier des Judas. Wir müssen uns einfach mit der Auskunft begnügen, daß der Verräter einer von den Zwölfen war und daß er dem engsten Jüngerkreis angehörte. Jesus ist eben keine der Teufeleien, die unter Menschen üblich sind, erspart geblieben.

3. Die Verhaftung

In der Nacht von Donnerstag auf Freitag wird Jesus in der Gegend des Ölbergs, also östlich von Jerusalem, auf einem Grundstück, das unter dem Namen Getsemani bekannt war, festgenommen. Es besteht keinerlei Grund, die gesamte Verhaftungsszene, die uns Markus erzählt, als unhistorisch zu betrachten. Besonders der Judaskuß wird von kritischen Forschern gern als legendäres Erzählmotiv angesehen. Dem ist jedoch entgegenzuhalten, daß die Verhaftung in der Nacht stattfindet. Die Gegner Jesu wollen nach mehreren mißglückten Versuchen, von denen das Johannesevangelium noch weiß (vgl. 7,30.32.44; 10,39), diesmal absolut sichergehen, ihn in die Hände zu bekommen.

Bei Markus heißt es: „Es kam Judas, einer der Zwölf, und mit ihm eine Schar mit Schwertern und Knüppeln, ausgeschickt von den Hohenpriestern, den Schriftgelehrten und den Ältesten" (Mk 14,43). Das klingt so, als handle es sich um ein improvisiertes Kommando, wenn nicht gar um einen bezahlten Volkshaufen, der gegen Jesus eingesetzt wird. Die Bibelübersetzer sollten jedoch statt von Knüppeln oder Knütteln besser von „Schlagstöcken“ sprechen. Genau das ist gemeint, und dann wird auch deutlich, daß es sich um ein Polizeikommando handelt.

Dem Hohen Rat stand neben der levitischen Tempelpolizei offenbar eine Polizeitruppe für den notwendigen Ordnungsdienst, für Verhaftungen und für die Bewachung von Gefangenen zur Verfügung. Von hier aus wird dann auch deutlich, daß es sich um eine *offizielle* Verhaftung durch den Hohen Rat handelt, die sich durchaus im Rahmen des Üblichen abspielt. Wegen der Jünger, von denen man weiß, daß sie sich zu dieser Zeit bei Jesus befinden, hat man eine größere Zahl von Bewaffneten ausgeschickt.

Offensichtlich sind die Jünger von der plötzlichen Festnahme Jesu völlig überrascht. Sie lassen Jesus im Stich und fliehen.

Jesus wird über das Kidrontal in die Stadt geführt. Nach dem Bericht des Markusevangeliums bringt man ihn sofort in das Haus des amtierenden Hohenpriesters, wo dann der Hohe Rat zu einer Nachtsitzung zusammenkommt, um über Jesus zu Gericht zu sitzen (Mk 14, 53).

Von dieser Darstellung unterscheidet sich die Schilderung des Johannesevangeliums ganz beträchtlich. Dem vierten Evangelium zufolge wird Jesus nämlich zunächst dem Alt-Hohenpriester Hannas vorgeführt, von diesem einer Art „Vorverhör" unterzogen und dann erst zu dem damals amtierenden Hohenpriester Kajaphas gebracht (Joh 18,12–24). Eine Sitzung des Hohen Rates wird im Johannesevangelium dann gar nicht mehr geschildert.

Im vierten Evangelium ist also das Verhör durch Hannas literarisch an die Stelle der Sitzung des Hohen Rates getreten, die Markus überliefert. Viele Ausleger nehmen deshalb an, der johanneischen Schilderung des Verhörs Jesu durch den Hohenpriester Hannas liege traditionsgeschichtlich letztlich dasselbe Geschehen zugrunde, das Markus als Verhör Jesu durch den Hohenpriester Kajaphas schildert, dessen Name übrigens im Markusevangelium nicht genannt wird. Falls diese Annahme richtig ist, darf die johanneische Darstellung in diesem Punkt nur mit größter Vorsicht zur Rekonstruktion des historischen Ablaufs herangezogen werden. Es ist zwar höchst unwahrscheinlich, daß man Jesus vor den Hohen Rat brachte, ohne ihn zuvor verhört zu haben und ohne nicht wenigstens den Versuch gemacht zu haben, Aussagen für die bevorstehende Sitzung aus ihm herauszuholen. Dabei dürfte dann auch der erfahrene Alt-Hohepriester Hannas eine wichtige Rolle gespielt haben. Man kann das alles aber wegen der traditionsgeschichtlichen Schwierigkeiten, welche die johanneische Darstellung bietet, höchstens vermuten. Nach der Darstellung des Markus wird Jesus einfach in das Haus des amtierenden Hohenpriesters gebracht, und dort beginnt sofort – noch mitten in der Nacht – die Sitzung des Hohen Rates.

4. Die Nachtsitzung des Hohen Rates

An sich muß die Durchführung einer Gerichtssitzung des Hohen Rates während der Nacht auffallen. Das Ganze wirkt aber nicht mehr so befremdend, wenn man bedenkt, daß der jüdischen Behörde wegen des Gewichts der Vorwürfe, die sie gegen Jesus erhob, *eine außergewöhnliche Verfahrensführung* erlaubt, ja sogar geboten war. Außerdem stand der Hohe Rat wegen des Paschafestes unter größtem Zeitdruck. Folgt man nämlich der johanneischen Darstellung, so war der Todestag Jesu der 14. Nisan, der *Rüsttag des Paschafestes* (Joh 19,14), und bereits am Mittag würde im Tempel die Schlachtung der Paschalämmer beginnen. Schon bei Annahme dieser Chronologie drängte damals die Zeit. Folgt man aber der synoptischen Chronologie, so starb Jesus am 15. Nisan, also am Paschafest selbst. In diesem Fall wäre der Zeitdruck sogar noch viel größer gewesen, denn dann mußte unbedingt vermieden werden, noch am hellen *Festtag* eine jüdische Gerichtssitzung abzuhalten.

Gleichgültig, ob man nun die johanneische oder die synoptische Chronologie für ursprünglich hält – man darf in jedem Fall davon ausgehen, daß sich der Hohe Rat durch den Termin, an dem er Jesus verhaften ließ, selbst in höchste Zeitnot gebracht hatte. Bis nach dem Fest zu warten, kam aus seinem Blickwinkel überhaupt nicht in Frage; die Verhaftung Jesu konnte ja nicht allzu lange verborgen bleiben, und es war zu befürchten, daß sich die Sympathisanten Jesu im Volk formierten. So handelt man schnell und entschlossen: der Hohe Rat tritt zu einer Nachtsitzung zusammen.

In Mk 14,53 heißt es: „Sie führten Jesus zum Hohenpriester, und es versammelten sich alle Hohenpriester und Ältesten und Schriftgelehrten.“ Damit nennt Markus sehr präzis die drei Gruppen, aus denen sich der 71 Personen umfassende Hohe Rat, auch Synhedrium oder Sanhedrin genannt, damals zusammensetzte.

Zur ersten Gruppe gehörten der amtierende Hohepriester und die Inhaber einer Reihe wichtiger Tempelämter, wie zum Beispiel der Tempeloberst. Hinzu kamen sämtliche ehemaligen, nun nicht mehr amtierenden Hohenpriester.

Die zweite Gruppe bestand aus den Ältesten; diese kamen aus den einflußreichsten Laiengeschlechtern des Landes. Sowohl die erste wie die zweite Gruppe war vorwiegend sadduzäisch orientiert.

Die dritte Fraktion des Hohen Rates bildeten ausschließlich Vertreter des Standes der Schriftgelehrten. Und hier, in dieser Gruppe, hatten nun vor allem die Pharisäer ihre Sprecher. Da der Hohe Rat nicht nur Verwaltungsgremium, sondern zugleich Justizbehörde war und da richterliche Entscheidungen damals fast immer auch religiöse Entscheidungen waren, somit aber schriftgelehrte Bildung voraussetzten, besaß die Gruppe der Schriftgelehrten im Hohen Rat einen nicht zu unterschätzenden Einfluß.

Der einzige Sitzungsteilnehmer, von dem wir den Namen kennen, ist Kajaphas, der damals amtierende Hohepriester (Mt 26, 3; Joh 18, 24). Er muß ein wendiger Diplomat und höchst pragmatisch eingestellter Politiker gewesen sein, denn er brachte es fertig, von 18–37 n. Chr. an der Macht zu bleiben. Eine Amtszeit von 19 Jahren hat im 1. Jahrhundert kein anderer Hoherpriester je erreicht; die durchschnittliche Amtszeit eines Hohenpriesters betrug damals vier Jahre. Kajaphas hätte sich niemals so lange als Hoherpriester behaupten können, wenn er nicht einen mächtigen Klan im Hintergrund gehabt und wenn er nicht dem römischen Statthalter gegenüber eine flexible Position eingenommen hätte. Kajaphas also präsidiert in jener Nachtsitzung dem Hohen Rat.

Wenn Markus schreibt, daß in der Verhandlung Zeugen gegen Jesus auftraten, so entspricht das aufs genaueste der damaligen jüdischen Prozeßordnung. Denn im Gegensatz zum römischen Verfahren, in welchem das Verhör des Angeklagten im Mittelpunkt stand, waren für das jüdische Gerichtsverfahren Entlastungs- und Belastungszeugen konstitutiv, wobei die Belastungszeugen zugleich die Rolle des öffentlichen Anklägers innehatten. Die Aussagen der Zeugen mußten bis ins kleinste Detail übereinstimmen; andernfalls waren sie für den Fortgang der Verhandlung wertlos und irrelevant. Markus sagt nichts darüber, ob in der Verhandlung auch Entlastungszeugen *zugunsten* Jesu auftraten.

Für uns viel wichtiger ist freilich die Frage, unter welcher Anklage Jesus stand und aufgrund welchen Tatbestands er am Ende verurteilt wurde. Einiges deutet darauf hin, daß man ihn der „Verführung des Volkes" beschuldigte. Ein entsprechender Vorwurf war Jesus bereits während seines öffentlichen Auftretens gemacht worden (vgl. Joh 7,12), und er begegnet dann noch lange nach dem Tode Jesu in jüdischen Quellen: „Jesus hat gezaubert und verführt und Israel abspenstig gemacht", heißt es im Babylonischen Talmud (Sota 47a). Im einzelnen dachte man bei dem Vorwurf der *Verführung* wohl an Tatbestände wie Mißachtung des Gesetzes und Vorgehen gegen den Tempel. Beide Tatbestände konnten sogar als *Gotteslästerung* interpretiert werden. Anscheinend war es aber für den Hohen Rat gar nicht leicht, Jesus juristisch einwandfrei zu überführen. Markus (14,55–59) berichtet, daß die Belastungszeugen nicht übereinstimmten und daß so die Verhandlung ins Stocken geriet.

5. Das Messiasbekenntnis

In dieser Situation eröffnet Kajaphas einen neuen Abschnitt des Verfahrens, indem er Jesus vorführen läßt. Entgegen der vereinfachenden Darstellung bei Markus dürfen wir uns nämlich Jesus bei der vorangegangenen Zeugenvernehmung keinesfalls als anwesend vorstellen. Jesus wird erst jetzt in den Gerichtssaal geführt und weiß in diesem Augenblick noch nichts vom Ergebnis der Zeugenvernehmung. Als man ihm die Aussagen der Belastungszeugen zusammenfaßt, äußert er sich nicht und gibt auf Fragen keine Antwort (Mk 14,69f). Möglicherweise ist das Gericht, nachdem bereits die Belastungszeugen nicht übereinstimmten, durch dieses Schweigen Jesu in wirkliche Beweisnot geraten, und das alles mag den Hohenpriester zu einem äußersten Schritt bewogen haben, der eine Entscheidung erzwingen sollte. Kajaphas fragt Jesus: „Bist du der Messias?"

Nichts spricht historisch dagegen, daß der Hohepriester damals so gefragt hat. Die Frage ist sinnvoll und plausibel. Sie greift Meinungen und Gerüchte auf, die über Jesus längst im Umlauf sind. Sie fragt in einer ganz bestimmten Begrifflichkeit und im Horizont einer ganz bestimmten jüdischen Erwartung letztlich nach der *Vollmacht* Jesu.

Die Frage nach seiner Vollmacht war Jesus schon einmal offiziell gestellt worden, und zwar von einer Abordnung des Hohen Rates bald nach der Tempelaktion (Mk 11,27–33). Jesus hatte sie damals nicht beantwortet, sondern eine Gegenfrage formuliert: „Stammt die Taufe des Johannes von Gott oder von den Menschen?" Die Gegenfrage Jesu ging offensichtlich davon aus, daß ein öffentliches Bekenntnis nicht in jeder Situation angebracht ist. Daß dann die Abgesandten des Hohen Rates der Gegenfrage Jesu ausgewichen waren und sich nicht festlegen wollten, hatte seine Zurückhaltung noch im nachhinein als richtig erwiesen.

Wenige Tage später wird Jesus wiederum nach seiner Vollmacht befragt, nun freilich in einer neuen Situation. Jetzt steht Jesus vor dem versammelten Hohen Rat, der höchsten religiösen Instanz des Landes, und er steht vor dem Hohenpriester, dem Repräsentanten Israels. Jesus muß sich über die Endgültigkeit dieses Augenblicks längst im klaren gewesen sein. So antwortet er nun unmittelbar und legt auf die Frage, ob er der Messias sei, das Bekenntnis ab: „Ja, ich bin es!" Und da er weiß, wieviel Mißverständnisse das Wort „Messias" hervorrufen kann (vgl. Mk 8, 30), interpretiert er die Messias-Aussage sofort mit Hilfe der Menschensohn-Aussage: er ist der Messias, insofern er der Menschensohn ist. Er wird schon bald zur Rechten Gottes sitzen und als der endzeitliche Richter den Hohen Rat, der jetzt über ihn zu Gericht sitzt, selber richten:

„Ihr werdet sehen den Menschensohn,
sitzend zur Rechten der Kraft,
kommend mit den Wolken des Himmels!“
(Mk 14,62)

Damit hat Jesus seine absolute Vollmacht klargestellt – dieselbe Vollmacht, die schon immer in seinem Sprechen und Handeln verborgen war, eine Vollmacht, die weit über alles Messianische und erst recht über alles National-Messianische hinausgeht. Damit hat er aber auch, drohend und beschwörend, eine letzte Mahnung an seine Richter ausgesprochen. Der Hohe Rat ist es, der jetzt in Wahrheit in der Krisis, im Gericht, steht.

Gerade wegen ihrer zwingenden Dramatik ist die Szene zwischen Jesus und Kajaphas von seiten der kritischen Exegese meist als eine fiktive Szene bezeichnet worden, in der die nachösterliche Kirche mit Hilfe alttestamentlicher Texte (Ps 110,1; Dan 7,13) ihr eigenes Glaubensbekenntnis zu Jesus als dem Messias und Menschensohn habe ausdrücken wollen. Daran ist richtig, daß es den Evangelisten tatsächlich in hohem Maß um das Bekenntnis der Gemeinde zu Christus geht. Man hat deshalb auch damit zu rechnen, daß die Frage des Kajaphas und die Antwort Jesu bereits im Lichte urchristlicher Theologie stilisiert sind. Aber mit dieser Einsicht ist das erzählte Geschehen noch längst nicht als unhistorisch erwiesen. Eines muß vor allem zu denken geben:

Wie wir noch sehen werden, wurde Jesus vor Pilatus verklagt, er habe sich als *Messias-König* ausgegeben. Daß in dem römischen Strafprozeß gegen Jesus gerade dieser Punkt entscheidend wird, ist nur dann wirklich verständlich, wenn sich die jüdische Anklage nicht auf umstrittene und lediglich messianisch *deutbare* Aktionen Jesu zu stützen brauchte, sondern wenn sie unmittelbar auf sein messianisches Bekenntnis vor dem Hohen Rat selbst verweisen konnte. Wer Jesus das Messiasbekenntnis vor Kajaphas abspricht, macht den Hergang der Passionsereignisse und das Ineinandergreifen der beiden Verfahren nicht einsichtig, sondern eher unverständlich. Es empfiehlt sich deshalb, dem Bericht des Markus auch hier wie an vielen anderen Stellen Vertrauen entgegenzubringen. Jesus hat vor dem Hohen Rat ein messianisches Bekenntnis abgelegt; er hat es allerdings sofort mit Hilfe der Menschensohn-Aussage präzisiert und weit überboten.

Mit diesem Bekenntnis, das zugleich ein prophetisches Drohwort gegen das jüdische Gericht ist, hat Jesus nun seinerseits den Hohenpriester in eine letzte Entscheidung hineingezwungen. Diesem stehen jetzt nur noch zwei Möglichkeiten offen: Glaube an den Menschensohn-Anspruch Jesu oder die Überzeugung, eine erschreckende Gotteslästerung gehört zu haben. Die Entscheidung des Hohenpriesters ist eindeutig. Für ihn ist das Bekenntnis Jesu, schon bald als Richter zur Rechten Gottes zu erscheinen, eine furchtbare, gotteslästerliche Selbstanmaßung. Jetzt ist endlich vor vielen Zeugen erwiesen, was man längst ahnen konnte: Jesus ist ein falscher Prophet, ein Verführer, ein Gotteslästerer. Kajaphas tut deshalb sofort das, was das Gesetz jemandem vorschreibt, der eine Gotteslästerung mitanhören muß: er zerreißt sein Gewand. Und er leitet das in die Wege, was das Gesetz bezüglich eines falschen Propheten vorschreibt: Dieser muß mit dem Tode bestraft werden; Israel soll das Böse fortschaffen aus seiner Mitte (vgl. Dtn 13, 2–6).

Der übrige Hohe Rat schließt sich der Entscheidung des Kajaphas an: „Alle verurteilten ihn, er sei des Todes schuldig" (Mk 14,64). Juristisch gesehen, bedeutet das: *der Hohe Rat stellt fest, daß sich Jesus eines todeswürdigen Verbrechens schuldig gemacht hat.*

Unmittelbar nach dieser Schuldfeststellung kommt es zu einer peinlichen und für eine oberste Gerichtsbehörde kaum glaubhaften Szene. Einige Mitglieder des Hohen Rates spukken Jesus an, binden ihm die Augen zu, schlagen ihn ins Gesicht und fordern ihn dann auf zu prophezeien (Mk 14,65). Gemeint ist: Jesus soll die mit Namen nennen, die ihn geschlagen haben.

Auch bezüglich dieser Szene hat die historische Kritik ihre Zweifel angemeldet. Meist wird gesagt, daß sich die Verspottung Jesu aller Wahrscheinlichkeit nach nicht vor dem Hohen Rat, sondern an anderer Stelle der Passions-Ereignisse abgespielt habe. Die Szene sei dann erst im Verlauf der Überlieferungsgeschichte mit der Verhandlung vor dem Hohen Rat verbunden worden. Vor allem jüdische Forscher haben zu bedenken gegeben, daß ein derartiges Geschehen vor der obersten Jerusalemer Justizbehörde doch wohl ausgeschlossen gewesen sei.

Es ist aber zu beachten, daß Vorgänge, die uns heute als Roheit und grobe Rechtsverletzung erscheinen, in der Antike oft anders beurteilt wurden. So sagt zum Beispiel der Traktat Sanhedrin im babylonischen Talmud: „Wenn jemand einen, der zur Hinrichtung geführt wird, nach dem Todesurteil schlägt oder beschimpft, bleibt er straffrei, da jener sowieso dem Tode verfallen war" (Sanh. 85a).

Im übrigen ist gerade die Verspottungsszene von Mk 14, 65 innerlich sehr fest mit dem Verfahren vor dem Hohen Rat verklammert. Denn Jesus wird ja als *falscher Prophet* verspottet. Man kann diesen Spott wohl nur als erbitterte Reaktion auf die prophetische Drohung Jesu deuten, er selbst werde schon bald der Richter des Hohen Rates sein.

6. Die Auslieferung an Pilatus

Im Anschluß an die Schilderung der Verspottung und Mißhandlung Jesu erzählt Markus von der Verleugnung des Petrus, die sich im Hof des hohenpriesterlichen Palastes abgespielt haben muß, und berichtet dann von der Ausfertigung eines *förmlichen Beschlusses* für die Übergabe Jesu an Pilatus: „Gleich in der Frühe, nachdem die Hohenpriester mit den Ältesten und Schriftgelehrten, also der ganze Hohe Rat, einen Beschluß fertiggestellt hatten, fesselten sie Jesus, führten ihn ab und lieferten ihn an Pilatus aus" (Mk 15,1). Vor Pilatus beginnt sofort ein neues Verfahren gegen Jesus, diesmal nach römischem Recht und unter römischem Vorsitz. Dieses lückenlose Ineinandergreifen der Prozeßmechanerie ist nur möglich, weil sich der römische Statthalter, der sonst in Cäsarea am Meer residiert, wegen des Paschafestes in Jerusalem aufhält und weil die Römer mit ihren Gerichtssitzungen schon früh bei Sonnenaufgang zu beginnen pflegen.

Für uns erhebt sich nun natürlich eine ganze Reihe von Fragen: Warum kam es überhaupt zu zwei Verfahren? Warum kam es zu einem römischen Gerichtsverfahren, nachdem gerade zuvor ein jüdisches stattgefunden hatte? Und umgekehrt: Wenn man wußte, daß ein römisches Gerichtsverfahren notwendig war, weshalb hatte man dann in der Nacht ein jüdisches Verfahren abgewickelt? Weiterhin: Welcher Art war überhaupt der förmliche Beschluß, den der Hohe Rat gefaßt hatte? Handelte es sich lediglich um einen Anklagebeschluß oder um ein formelles Todesurteil?

Die ganze Situation wird am besten verständlich, wenn man mit der Mehrzahl der Ausleger und mit Joh 18,31 voraussetzt, daß den Juden damals die *Blutgerichtsbarkeit* von der römischen Besatzungsmacht entzogen war. Das heißt, sie hatten nicht mehr das Recht, ein Todesurteil zu *vollstrecken,* nach manchen Exegeten nicht einmal mehr das Recht, ein formelles Todesurteil zu *fällen.* Eine Ausnahme bildete lediglich unbefugtes Betreten des Tempels. Hätten die Juden damals das Recht gehabt, Jesus nach ihrem eigenen Rechtssystem hinzurichten, so wäre er nicht gekreuzigt, sondern gesteinigt worden. Denn die in der Antike weitverbreitete, gleichwohl für die Römer besonders charakteristische Hinrichtungsart der Kreuzigung ist von Juden nur in ganz wenigen Ausnahmesituationen praktiziert worden.

Daß die jüdischen Behörden Jesus an Pilatus ausliefern, zeigt klar, daß sie ihn eines Kapitalverbrechens für überführt halten, das ihrer Meinung nach nur mit dem Tod geahndet werden kann. Sie müssen in diesem Fall die Sache aus der Hand geben, der römische Statthalter hat in einer eigenen Verhandlung die Schuld des Angeklagten zu untersuchen und dann nach römischem Recht ein Urteil zu fällen.

Der förmliche Beschluß, den der Hohe Rat gegen Ende der Nacht faßte, muß so ausgesehen haben, daß er die Schuld Jesu feststellte und seine Überführung anordnete. Es liegt auf der Hand, daß Pilatus einem in dieser Weise abgewickelten Verfahren nicht ausweichen konnte. Druck wurde dadurch mit Sicherheit auf ihn ausgeübt.

Die Beschlußfassung des Hohen Rates hatte aber wohl noch einen anderen Sinn: Die Ratsmitglieder konnten so vor sich selbst die Art und Weise, mit der sie vor dem römischen Statthalter die Anklage gegen Jesus betrieben, rechtfertigen. Sie konnten sich nach der regulären Durchführung eines eigenen *Schuldfeststellungs-Verfahrens* sagen, daß Jesus ja auf jeden Fall ein todeswürdiger Verbrecher sei, selbst wenn man seine Verurteilung durch Pilatus nur mit höchst fragwürdigen und keineswegs einwandfreien Methoden erreichen würde. Von diesen fragwürdigen Methoden in der Anklage vor Pilatus muß jetzt die Rede sein.

Der Hohe Rat hatte Jesus wegen Gotteslästerung verurteilt oder genauer: er hatte den Tatbestand der Gotteslästerung festgestellt. Höchstwahrscheinlich spielte im jüdischen Verfahren auch noch der Vorwurf der Volksverführung eine bedeutende Rolle. Innerhalb des jüdischen Rechtssystems war beides ein Kapitalverbrechen. Für die Anklage gegen einen Juden vor einem *römischen* Gericht hingegen mußten Gotteslästerung wie Volksverführung als jüdische Religionsvergehen gelten, und kein römischer Richter konnte einen Juden wegen Übertretung rein innerjüdischer Religionsgesetze zum Tode verurteilen. Bei einer entsprechenden Anklage hätte Pilatus nur zu leicht wie

Jahre später der Prokonsul Gallio in Korinth sprechen können: „Läge hier ein Vergehen oder Verbrechen vor, ihr Juden, so würde ich eure Klage ordnungsgemäß behandeln. Streitet ihr jedoch über Lehre und Namen und euer Gesetz, dann seht selber zu! Darüber will ich nicht Richter sein“ (Apg 18,14f).

Der Hohe Rat sieht in diesem Punkt sehr klar. Er bringt deshalb – in einer höchst fragwürdigen Strategie – den Fall „Jesus“ vor den Römern unter einem anderen Aspekt zur Anklage: er macht aus dem Verführer des Volkes einen politischen Aufwiegler. Er greift auf das Messiasbekenntnis Jesu zurück und beschuldigt ihn, ein falscher Messias mit politischen Absichten zu sein. Nur so ist die ironische Frage des Pilatus an Jesus, ob er *der König der Juden* sei (Mk 15,2), zu verstehen, und nur so ist zu begreifen, daß Jesus schließlich mit dem Schild „Der König der Juden“ hingerichtet wird (Mk 15,26).

Die Anklage, Jesus gebe sich als Messias-König aus, war deshalb so wirkungsvoll, weil zur Zeit der römischen Besetzung in Palästina jede messianische Bewegung fast unvermeidlich unter den Verdacht einer nationalen Erhebung gegen die Römer geraten mußte. „Messianischer König“ war eben nahezu gleichbedeutend mit *Freiheitskämpfer* und *politischer Aufrührer* – und auf das Stichwort „Aufruhr“ pflegten die Römer sehr schnell und sehr wirkungsvoll zu reagieren. Hier liegt übrigens einer der Gründe, warum Jesus während seiner öffentlichen Wirksamkeit dem Titel „Messias“ mit Reserve gegenüberstand.

Wenn man ihn bei den Römern als politischen Messias anklagte, konnte man sich dabei zwar – oberflächlich gesehen – auf seine Tempelaktion und sein Messiasbekenntnis berufen, aber in Wirklichkeit verzerrte und entstellte man so gerade den eigentlichen Anspruch Jesu. Denn er hatte sich deutlich genug gegen jeden Aufstand ausgesprochen (vgl. Mk 12,13–17) und auch seine Tempelaktion nicht als Signal zu politischem Aufruhr verstanden. Lukas hat die Verzerrung des Anspruchs Jesu ins Politische, dessen sich die Ankläger Jesu schuldig machten, wohl im ganzen gut getroffen, wenn er sie sprechen läßt: „Wir haben festgestellt, daß dieser Mensch unser Volk aufwiegelt, daß er verbietet, dem Kaiser Steuer zu zahlen, und daß er behauptet, er sei der Messias-König" (Lk 23, 2). Mit dieser Anklage hat nun also eine zweite Verhandlung, ein *politischer* Prozeß, begonnen, in dem es um nicht weniger als um „Hochverrat" geht.

Es ist Freitagmorgen. – Wenn die römischen Statthalter von Cäsarea am Meer nach Jerusalem kamen, pflegten sie im alten Königspalast zu wohnen, der am Westhang des Tyropoiontals, gegenüber dem Tempel, lag. Dort befand sich ihr Jerusalemer Prätorium. Und sie liebten es offenbar, die dann fälligen Gerichtssitzungen im Freien, vor dem Gebäude, abzuhalten. So berichtet Josephus von dem späteren Statthalter Gessius Florus: „Florus, der im Königspalast abgestiegen war, ließ am nächsten Tag vor dem Palast den Richterstuhl aufstellen und nahm darauf Platz; die Hohenpriester, die Vornehmen und überhaupt die Angesehensten der Stadt kamen herbei und stellten sich vor dem Richterstuhl auf" (Bellum Judaicum II 14, 8; § 301). Ähnlich hat wohl auch Pilatus im Freien, vor dem Prätorium, Platz genommen. Wie reagiert er auf die Anklage gegen Jesus? *Er hat offensichtlich gezögert, ihr einfachhin nachzugeben.*

Darin stimmen alle vier Evangelien überein. Für sein Zögern lassen sich durchaus Gründe namhaft machen.

Zunächst: Pilatus durfte sich als römischer Beamter nicht mit vagen Anschuldigungen begnügen. Er war nur dann ermächtigt, ein Todesurteil zu fällen, wenn Jesus ein Kapitalverbrechen nachgewiesen werden konnte. Er brauchte einen wirklichen Beweis, daß Jesus zu politischem Umsturz aufgerufen oder sich aktiv an Unruhen beteiligt hatte. Offensichtlich konnte ein solcher Beweis nicht erbracht werden, und Pilatus hat das wohl sehr schnell gemerkt. Wahrscheinlich hat er die Beschuldigung, daß der Angeklagte ein politischer Aufrührer sei, schon nach kurzer Konfrontation mit Jesus überhaupt nicht mehr ernst genommen.

Daß Pilatus zunächst nicht nachgab, könnte aber noch ganz andere Gründe gehabt haben. Pilatus war, wie uns aus verschiedenen antiken Zeugnissen bekannt ist, gegen die Juden eher feindlich als freundlich eingestellt. Der jüdische Philosoph Philo schreibt in seiner Schrift *Legatio ad Gaium* über Pilatus unter anderem: „Er war nicht gewillt, irgend etwas zu tun, was seinen jüdischen Untertanen gefallen hätte" (38; § 303). – Ein für die Rücksichtslosigkeit des Pilatus bezeichnendes Vorgehen berichtet Josephus: Pilatus hatte das Geld für den Bau einer Wasserleitung nach Jerusalem – vermutlich mit Zustimmung der jüdischen Führung – dem Tempelschatz entnommen. „Die Menge war darüber sehr erbost, und als Pilatus nach Jerusalem kam, drängte sie sich schreiend und schimpfend um seinen Richterstuhl. Pilatus hatte diese Unruhe der Juden im voraus vermutet und eine Anzahl von Soldaten, zwar bewaffnet, aber als Zivilisten verkleidet, unter die Menge gemischt und ihnen den Befehl gegeben, vom Schwert keinen Gebrauch zu machen, auf die Schreier aber mit Schlagstöcken loszugehen. Nun gab er vom Richterstuhl her das verabredete Zeichen; als es plötzlich Schläge hagelte, starben viele Juden unter den Streichen, viele andere aber wurden auf der Flucht von ihren eigenen Landsleuten niedergetreten. Starr vor Schrecken über das Schicksal der Getöteten, verstummte das Volk" (Bellum Judaicum II 9,4; § 175). – Aus beiden Texten ergibt sich bereits ein ziemlich deutliches Bild von der antijüdischen Einstellung des Pilatus. Wir dürfen deshalb annehmen, daß er sofort in Opposition ging, als er feststellen mußte, daß ihn die jüdische Behörde benutzen wollte, um einen ihr mißliebigen Galiläer ans Kreuz zu bringen.

Es gibt also durchaus Gründe, welche die auffälligen Bemühungen des Pilatus, Jesus die Freiheit zu geben, verständlich machen. Allerdings konnte er es sich auch nicht erlauben, die Ankläger einfach nach Hause zu schicken und Jesus ohne weiteres freizulassen. Dazu war die Anklage auf politischen Aufruhr viel zu schwerwiegend. Pilatus versucht deshalb zunächst einmal, die Basis für einen Freispruch Jesu zu schaffen. Er nimmt hierfür die Hilfe von Herodes Antipas, dem Landesherrn Jesu, in Anspruch. Herodes hielt sich offenbar wegen des Paschafestes ebenfalls in Jerusalem auf. Pilatus läßt Jesus zu Herodes bringen.

7. Vor Herodes

Die Unterbrechung des römischen Verfahrens durch die Überführung Jesu zu Herodes wird uns allein von Lukas erzählt (23,6–12). Bei Markus, Matthäus und Johannes gibt es dafür keinerlei Anhaltspunkte. Man hat aus diesem Grund den historischen Wert der Erzählung nachdrücklich bestritten und sie als rein literarische Konstruktion bezeichnet. Diese Skepsis übersieht jedoch, daß uns Lukas auch anderswo aus seinem Sondergut wertvolle Nachrichten überliefert, die mit Herodes Antipas in Zusammenhang stehen (Lk 8,3; 13,31ff; vgl. Apg 13,1).

Die unbezweifelbare Tatsache, daß Pilatus gezögert hat, dem Drängen des Hohen Rates auf eine Verurteilung Jesu einfach nachzugeben, macht eine Überführung Jesu zu Herodes nicht nur möglich, sondern sogar plausibel. Pilatus wußte bereits oder war spätestens beim Verhör darauf gestoßen, daß Jesus aus Galiläa kam, dem Hoheitsgebiet des Herodes (vgl. Lk 23,6f). Er konnte sich deshalb bei Herodes ein *außergerichtliches Zeugnis* über den Angeklagten einholen, von dem er erwarten durfte, daß es positiv lautete. Schließlich hatte Herodes Antipas ja bisher nichts Ernsthaftes gegen Jesus unternommen, obschon er dazu längst Gelegenheit gehabt hätte. Ein solches Zeugnis, welches die politische Ungefährlichkeit des „Galiläers“ Jesus bestätigte, konnte es Pilatus dann auch nach außen hin erlauben, den Angeklagten freizusprechen.

Herodes tut Pilatus den erwarteten Gefallen. Er tut es allerdings auf seine Weise. Er stellt Jesus zunächst viele neugierige Fragen und hofft auf ein Wunder. Jesus kann gegenüber dieser Mischung von Neugierde, Wundersucht und Aberglauben, die von einer wirklichen Suche nach der Wahrheit weit entfernt ist, nur schweigen. So schlägt die Stimmung des Königs bald um. Zusammen mit seinem Gefolge verhöhnt und verspottet er Jesus, läßt ihm ein verschlissenes Prunkgewand umhängen und schickt ihn so zu Pilatus zurück.

Durch die Symbolik dieser Zeichenhandlung wird Pilatus signalisiert: Der Mann aus Nazaret ist eine lächerliche Figur; er ist politisch harmlos und bedeutet keinerlei Gefahr für den römischen

Staat. Das eigene Urteil des Statthalters über die Ungefährlichkeit Jesu muß durch dieses Verhalten des Herodes bestätigt worden sein. Spätestens jetzt also war Pilatus auch nach außen hin genügend abgesichert, Jesus freisprechen zu können.

8. Das Todesurteil durch Pilatus

Tatsächlich kommt es aber nicht zu einem Freispruch, sondern es geschieht etwas ganz anderes. Pilatus bietet Jesus den Juden zur *Amnestie* an. Wie läßt sich diese für den Betrachter überraschende Entwicklung erklären?

Den Evangelisten Matthäus, Markus und Johannes zufolge pflegte der römische Statthalter den Juden zum Paschafest einen Gefangenen freizugeben (Mt 27,15; Mk 15,6; Joh 18,39). Vielleicht hatte sich die jüdische Abordnung, welche die Amnestiebitte vortragen sollte, schon früh am Morgen beim Prätorium eingefunden. Vielleicht traf sie aber auch erst zu einem späteren Zeitpunkt ein (vgl. Mk 15,8). Jedenfalls steht der Kandidat der Amnestiebitte längst fest.

Es handelt sich um einen gewissen Barabbas. Dieser lag zusammen mit mehreren Männern, die einen „Aufstand“ unternommen und dabei einen Mord begangen hatten, im Gefängnis. Bei dem „Aufstand“, der wohl erst vor kurzem stattgefunden hatte, könnte es sich um einen Überfall mit antirömischer Stoßrichtung gehandelt haben. Die auffällige Formulierung des Markus (vgl. 15,7) legt nahe, bei Barabbas nicht an den Haupttäter, sondern an einen Mitschuldigen oder – noch vorsichtiger formuliert – an einen der Mitschuld Angeklagten zu denken. In der Delegation werden sich vor allem Verwandte und Freunde des Barabbas befunden haben.

Pilatus muß gewußt haben, daß man von ihm in diesem Jahr im Rahmen der üblichen Pascha-Amnestie den wegen Aufruhrs einsitzenden Barabbas freibitten würde. Es wäre naiv, anzunehmen, Pilatus habe am Morgen jenes Freitags die konkreten Vorstellungen der Amnestiedelegation noch nicht gekannt. Offensichtlich wollte er aber eine Amnestie des Barabbas verhindern. Er sah wohl in der Freilassung eines Mannes, der bei einem Terrorakt festgenommen worden war, ein hohes Risiko, das seinen eigenen Interessen und den Interessen Roms strikt zuwiderlief. Andererseits mußte zum Paschafest ein Inhaftierter freigegeben werden – dieser Brauch ist durch die Evangelien viel zu sicher bezeugt, als daß man an ihm zweifeln könnte. Einem Mann wie Pilatus mochte sich in dieser Situation als geradezu ideale Lösung aufdrängen, entgegen den jüdischen Vorstellungen *Jesus* zur Pascha-Amnestie vorzuschlagen. Eine solche Lösung mußte auf den ersten Blick in jeder Hinsicht zweckmäßig erscheinen: Den äußerst unangenehmen Fall „Jesus“ konnte Pilatus auf diese Weise loswerden und gleichzeitig eine Amnestie des Barabbas verhindern. Dabei dürfte dem römischen Statthalter an der Person Jesu selbst kaum etwas gelegen haben.

Es ist sogar möglich, daß die Strategie des Pilatus *von Anfang an* auf das genannte Ziel ausgerichtet war. Dann hätte die Überführung Jesu zu Herodes nicht den Sinn gehabt, einen *Freispruch* des Angeklagten vorzubereiten, sondern seine im Verhältnis zu Barabbas *relativ* größere Ungefährlichkeit testiert zu bekommen, um so für die Amnestie Jesu abgesichert zu sein.

In Einzelheiten läßt sich das kalkulierende Spiel des Pilatus nicht mehr sicher rekonstruieren. Wir dürfen aber mit guten Gründen davon ausgehen, daß sein Bemühen, Jesus freizugeben, neben anderen Gründen letztlich aus dem taktischen Kalkül erfolgte, die für ihn ungleich gefährlichere Freilassung des Aufrührers Barabbas zu verhindern.

Dann hat sich aber gerade diese Kalkulation als folgenschwere Fehleinschätzung erwiesen. Pilatus hatte wohl viel zuwenig damit gerechnet, daß sich seine Verhandlungspartner auf Barabbas versteifen könnten, und er hatte wohl auch die Energie, mit der die jüdische Behörde die Hinrichtung Jesu betrieb, weit unterschätzt. *Vor allem aber hatte er, indem er Jesus anstelle von Barabbas zur Amnestie anbot, faktisch die Schuld Jesu öffentlich bestätigt.* Sein Taktieren hatte ihn nun erst recht in eine Situation gebracht, in der Druck auf ihn ausgeübt werden konnte.

Offensichtlich wurde diese neue Situation von seiten der Gegner Jesu sofort begriffen und ausgenützt. Pilatus steht schon bald einer Masse von Schreiern gegenüber, aus der sich Sprechchöre gegen Jesus formieren: „Kreuzige ihn! Kreuzige ihn!" (Mk 15,13f). Die Situation hat sich also plötzlich gewandelt. Pilatus hat sich durch seine anscheinend so kluge Strategie eine rein richterliche Entscheidung selbst aus der Hand genommen.

Er hatte nicht mit richterlicher Unparteilichkeit nach der Schuld oder der Unschuld des Angeklagten gefragt, um dann von da aus alles zu entscheiden, sondern er hatte Jesus zum Instrument für die Erreichung anderweitiger Interessen machen wollen. Er hatte schon von Anfang an die richterliche mit der politischen Ebene verquickt. So nimmt es nicht wunder, daß er sich am Ende nur noch auf politischer Ebene entscheidet – und zwar jetzt *gegen Jesus*. Nach allem, was vorausgegangen war, vollzieht Pilatus damit eine völlige Kehrtwendung. Sie erstaunt aber wenig, wenn man bedenkt, in welchem Maß er von vornherein politisch taktiert hatte.

Nach Johannes hat für diese Kehrtwendung des Pilatus eine kaum verhüllte jüdische Drohung, man werde sich in Rom beim Kaiser Tiberius über ihn beschweren, den Ausschlag gegeben: „Wenn du diesen freiläßt, bist du kein

Freund des Kaisers; jeder, der sich zum König macht, widersetzt sich dem Kaiser" (Joh 19,12).

So unglaublich diese Sprache gegenüber einem römischen Statthalter anmutet – sie kann historisch in keiner Weise ausgeschlossen werden. Tiberius war nämlich bekanntermaßen gegenüber Verbrechen, die sich gegen die *maiestas populi Romani,* gegen die Würde des römischen Volkes, und damit auch gegen ihn selbst richteten, besonders empfindlich. Für Pilatus konnte eine jüdische Anklage beim Kaiser, *er habe einen Volksaufwiegler, der sich auf römischem Staatsgebiet als König ausgegeben habe, überhaupt nicht bestraft,* sehr böse Folgen nach sich ziehen. In welcher Weise Tiberius im übrigen mit Pilatus umspringen konnte, zeigt sehr gut ein Vorfall, der sich einige Jahre später zugetragen hat und von dem uns Philo berichtet:

Pilatus hatte in dem alten Jerusalemer Königspalast, der ihm als Prätorium diente, vergoldete Schilde anbringen lassen – „weniger um Tiberius zu ehren, als um die Volksmenge zu kränken. Sie trugen keine figürliche Darstellung oder sonst etwas Verbotenes, nur eine kurze Inschrift, die zweierlei nannte: den Namen des

Weihenden und den Namen dessen, dem sie geweiht waren. Als aber die Menge das bemerkte – denn die Sache war schon Stadtgespräch –, wählte sie zu ihren Sprechern die vier Söhne des Königs [mit dem König ist Herodes der Große gemeint], die in Rang und Würden Königen gleichstanden, seine anderen Nachkommen und aus ihrer eigenen Mitte ihre Würdenträger. Durch diese ersuchten sie Pilatus, die verletzende Errichtung der Schilde rückgängig zu machen und die Vätertradition nicht anzutasten, die seit Urzeiten geachtet und von Königen und Kaisern unverletzt geblieben war. Pilatus lehnte es schroff ab ... Darauf schrieen sie: ‚Errege keinen Aufstand! Entfessele keinen Krieg! Brich nicht den Frieden! Entehrung alter Gesetze bedeutet keine Ehrung für den Kaiser. Tiberius sei dir nicht Vorwand für eine Kränkung des Volkes! Der will nicht, daß ein Stück von unserer Tradition beseitigt wird. Behauptest du es aber, weise selbst einen Befehl, einen Brief oder etwas Ähnliches vor, damit wir dir nicht länger lästig sind, Gesandte wählen und unsere Bitten vor den Herrscher selbst tragen.‘ Dieser letzte Vorschlag brachte Pilatus besonders in Erregung, denn er fürchtete, man werde wirklich eine Gesandtschaft schicken und sich auch über seine sonstige Amtsführung beschweren ... Als boshafter und unversöhnlicher Mensch geriet er in Verlegenheit. Denn er wagte nicht, die einmal angebrachten Schilde zu beseitigen, und wollte seinen Untertanen nichts zu Gefallen tun. Auf der anderen Seite kannte er die Unbeirrbarkeit des Tiberius in solchen Dingen sehr genau. Die Bevollmächtigten sahen das und bemerkten, daß ihm sein Vorgehen leid tat, er es aber nicht zugeben wollte. Sie richteten daher an Tiberius ein dringendes Bittgesuch. Was dieser aber sagte, welche Drohungen er gegen Pilatus ausstieß, als er das Schreiben las, wie sehr er in Zorn geriet, obwohl er nicht zum Zorn neigte, ist müßig auszuführen, da sein Vorgehen für sich selbst spricht. Denn unverzüglich und ohne bis zum nächsten Tag zu warten, verfaßt er seine Antwort. Darin tadelt er Pilatus aufs schärfste wegen seiner ungewöhnlichen Unüberlegtheit und befiehlt, sofort die Schilde zu entfernen sowie sie aus der Hauptstadt nach Cäsarea am Meer zu schaffen ..., um sie dort im Augustustempel aufzuhängen. Das geschah dann auch" (Legatio ad Gaium 38).

Die Schilderung des Philo ist in vielerlei Hinsicht aufschlußreich: Sie zeigt, daß Pilatus bei aller Rücksichtslosigkeit nach außen dennoch zutiefst unsicher und schwankend war. Die Schilderung des Philo zeigt aber auch die Hartnäckigkeit, mit der man in Jerusalem den eigenen religiösen Standpunkt selbst gegen den Widerstand des Pilatus zu verfechten pflegte – übrigens auch hier mit lautstark und aggressiv vorgetragenen Parolen. Sie zeigt weiterhin, wie man dabei die Haltung des Kaisers geschickt gegen die Position des Statthalters auszuspielen wußte – und zwar durch eine ganz ähnliche Drohung wie im Falle Jesu. Die Schilderung des Philo zeigt schließlich, wie sehr Pilatus eine Anzeige beim Kaiser ernst zu nehmen hatte. Die Drohung damit war alles andere als harmlos.

Ähnlich hartnäckig und geschickt verfährt der Hohe Rat wohl auch beim Prozeß Jesu. Im Unterschied zu dem Fall mit den Weiheschilden gibt Pilatus hier allerdings viel schneller auch nach außen hin nach. Er weicht gegenüber dem Druck, den der Hohe Rat auf ihn ausübt. Er gibt sein ursprüngliches Ziel, durch die Amnestie Jesu die Hinrichtung des Barabbas zu sichern, auf und verurteilt Jesus als politischen Verbrecher zum Tod am Kreuz. Wahrscheinlich hat er dabei die übliche Formel gesprochen: *Ibis in crucem* – „Du wirst das Kreuz besteigen“.

9. Die Hinrichtung

Für Jesus bedeutete die in Hilflosigkeit und Feigheit endende Strategie des Pilatus den Tod, und zwar den Tod durch eine der grausamsten Hinrichtungsarten, die sich Menschen ausgedacht haben, um andere Menschen zu quälen. Bei den Römern galt der Tod am Kreuz als so furchtbar und entehrend, daß die Kreuzesstrafe nur über Sklaven und Nichtrömer verhängt werden durfte. Von Cicero stammt der Satz: „Henker, Verhüllung des Haupts und schon das bloße Wort ‚Kreuz‘ sollen fernbleiben nicht nur dem Leib der römischen Bürger, sondern auch ihren Gedanken, ihren Augen, ihren Ohren“ (Pro Rabirio 16). Die Kreuzesstrafe blieb aber auch bei Sklaven und Provinzialen im allgemeinen auf schwere Delikte wie Mord, Tempelraub, Hochverrat und Aufruhr beschränkt.

Nach römischem Brauch ging jeder Kreuzigung eine Geißelung als *Begleitstrafe* voraus. Markus und Matthäus berichten in diesem Sinn (Mk 15,15; Mt 27,26). Bei ihnen hat die Geißelung Jesu deutlich die Funktion einer die Kreuzigung einleitenden und zur Kreuzigung gehörenden Begleitstrafe. Nach der Darstellung des vierten Evangeliums hingegen wurde die Geißelung Jesu bereits vor dem Todesurteil ausgeführt (Joh 19,1; vgl. Lk 23,16). Sie wäre in diesem Fall ein letzter Versuch des Statthalters gewesen, ein Todesurteil über Jesus zu umgehen. Pilatus hätte, dieser Darstellung zufolge, damit gerechnet, daß sich der Hohe Rat und das anwesende Volk mit der Geißelung Jesu zufriedengeben und von der Todesforderung Abstand nehmen würde.

Aber wie immer die Geißelung Jesu erfolgt ist – ob als Begleitstrafe zur Kreuzigung *nach* bereits gesprochenem Urteil oder als letzter Beschwichtigungsversuch des Pilatus noch *vor* einem eventuellen Todesurteil – Tatsache ist jedenfalls, daß Jesus von den römischen Soldaten gegeißelt wurde.

Damit mußte er bereits vor der eigentlichen

Hinrichtung eine Strafe auf sich nehmen, die so grausam war, daß sie nicht selten den Tod brachte. Josephus erzählt von sich selbst, er habe einst als Kommandeur in Galiläa einige seiner jüdischen Landsleute geißeln lassen, daß ihnen die Eingeweide bloß lagen (Bellum Judaicum II 21,5; § 612f). Der Prophet Josua ben Ananja, der seit dem Jahre 62 n. Chr. in Jerusalem den Untergang der Stadt und des Tempels voraussagte, wurde wegen seiner ständig wiederholten Unheilsprophetie von der jüdischen Behörde dem damaligen Statthalter Albinus ausgeliefert und von diesem gegeißelt. Er wurde dabei bis auf die Knochen zerfleischt (Bellum Judaicum VI 5,3; § 304). Von den alexandrinischen Juden, die auf Befehl des Statthalters Flaccus gegeißelt wurden, starb ein Teil noch während der Geißelung an den furchtbaren Wunden, ein anderer Teil konnte sich erst nach langer Krankheit wieder erholen (Philo, In Flaccum 10; § 75). Die römische Geißelung war deshalb so gefährlich, weil die Zahl der Schläge nicht begrenzt war und weil die Geißelriemen oft mit Knochenstückchen oder Metallteilen durchsetzt waren.

All das gibt eine Ahnung, was der kurze Satz

„Pilatus ließ Jesus geißeln" in Mk 15,15 bedeutet. Hinzu kommt, daß die römischen Soldaten mit Jesus, nachdem er ihnen zur Hinrichtung übergehen ist, zunächst noch ihre Spielchen treiben. Sie staffieren ihn als König aus, imitieren die feierliche Königsakklamation und werfen sich in Proskynese vor ihm nieder (Mk 15, 16–20). Sie setzen also genau das fort, was bereits die Hofleute des Herodes begonnen hatten. Sie tun es allerdings auf die Art von Legionären: Das „Heil dir, König der Juden!" wird von brutalen Schlägen ins Gesicht begleitet (Joh 19,3; Mk 15,19). Jesus ist aufgrund der Geißelung und der sich anschließenden Verspottung nicht mehr in der Lage, sein Kreuz selbst zur Hinrichtungsstätte zu tragen. Die Soldaten zwingen deshalb einen gewissen Simon von Zyrene, der gerade vom Feld kommt und dem Hinrichtungskommando zufällig begegnet, das Kreuz Jesu zu übernehmen (Mk 15,21).

Allerdings darf man sich dieses Kreuztragen nicht so vorstellen, wie es zahllose christliche Darstellungen zeigen. Bei regulären Hinrichtungen trugen die Verurteilten nicht das ganze Kreuz, sondern nur den Querbalken. Als Längsbalken dienten Pfähle, die an der Hinrichtungsstätte fest und meist auf Dauer in die Erde eingerammt waren. An der Hinrichtungsstätte angekommen, wurde der Verurteilte am Boden mit ausgestreckten Armen auf das Querholz genagelt und dann zusammen mit diesem an dem feststehenden Längsbalken hochgezogen. Das Querholz wurde oben befestigt; dann erst wurden die Füße angenagelt. Jesus und Simon von Zyrene haben also nicht das ganze Kreuz, sondern nur den Querbalken getragen. Daß Jesus nicht einmal mehr diesen einen Balken tragen konnte, zeigt, daß er bereits nach der Geißelung am Ende seiner Kraft war.

Den Verurteilten wurde auf dem Gang zur Hinrichtungsstätte ein Schild mit einer Aufschrift *(titulus)* vorangetragen, das den Grund ihrer Verurteilung angab. Bei Jesus lautete der *titulus* (Joh 19,19; vgl. Mk 15,26):

ΙΗΣΟΥΣ Ο ΝΑΖΩΡΑΙΟΣ
Ο ΒΑΣΙΛΕΥΣ ΤΩΝ ΙΟΥΔΑΙΩΝ

Jesus von Nazaret
Der König der Juden

Daß Pilatus schreiben ließ „Der König der Juden“ und nicht „Er hat sich als König der Juden ausgegeben“, kann nur als Verhöhnung der Juden verstanden werden. Pilatus wollte sich offenbar, nachdem er gegenüber dem Hohen Rat den kürzeren gezogen hatte, wenigstens in dieser Form schadlos halten. Zugleich liegt in der Formulierung des *titulus* aber auch eine gehässige Ironie gegen Jesus. Nachdem bereits Herodes und sein Gefolge Jesus verhöhnt und die römischen Soldaten ihr rohes Spiel mit ihm getrieben hatten, geht nun also die Verspottung weiter.

Übrigens dürfte auch die Nachricht, daß Jesus in der Mitte von zwei Aufständischen gekreuzigt wurde, der konsequent durchgehaltenen Verspottungssymbolik zugehören. Ein König kann nicht ohne Thronrat auftreten. Er muß ihn bei feierlichen Auftritten um sich haben. Der Thronrat, der sorgfältig „zur Rechten“ und „zur Linken“ Jesu (vgl. Mk 15,27) postiert wird, besteht aus zwei Schwerverbrechern. Genau in der Mitte thront Jesus.

Der Hügel, auf dem Jesus hingerichtet wurde, trug den Namen *Golgota*, zu deutsch einfach „Schädelhöhe“ (Mk 15,22; Joh 19,17). Nicht etwa, weil dort noch Schädel von früheren Hinrichtungen umherlagen – das wäre angesichts der jüdischen Begräbnissitten undenkbar gewesen –, sondern deshalb, weil der Hügel die Form eines Schädels hatte. Wo Jesus damals starb, steht heute die Grabeskirche. Wie Sondierungen auf ihrem Areal im Jahre 1961 gezeigt haben, befand sich dort zur Zeit Jesu ein aufgelassener Steinbruch aus der Königszeit. Auf dem Gelände dieses ehemaligen Steinbruchs waren nach Westen zu Privatgräber in die Felsstufen eingehauen; nach Osten zu, in Richtung der Stadt, erhob sich ein stehengebliebenes Stück Fels – „der Schädel"; dazwischen befanden sich Gärten (vgl. Joh 19,41; 20,15). Damit ist auch schon klar, daß wir uns den Golgotafelsen und seine Umgebung außerhalb der damaligen Stadtmauern vorstellen müssen. Allerdings lag zwischen der Westmauer Jerusalems und der Höhe Golgota nur eine schmale Senke. Der Kreuzweg Jesu vom Prätorium zur Stadtmauer und von dort zur Hinrichtungsstätte war nicht sehr weit, vorausgesetzt allerdings, daß man den kürzesten Weg gegangen ist.

Nach Markus kommt das Exekutionskommando noch im Lauf des Vormittags auf Golgota an. Um die dritte Stunde, das heißt gegen 9 Uhr, schlagen sie Jesus dort ans Kreuz. Die Kreuzigung mit ihrem Elend und ihrem furchtbaren Leid wird in den Evangelien nicht beschrieben. Das zu tun verboten der Urkirche Takt und Stilgefühl. Markus schreibt mit größter Kürze und Nüchternheit nur den einen Satz: „Und sie kreuzigten ihn" (15, 24).

Unmittelbar vorher wird Jesus mit Myrrhe gemischter Wein angeboten (Mk 15, 23). Es handelte sich hierbei um einen Betäubungstrank, der nach jüdischer Sitte den Verurteilten vor ihrer Hinrichtung gereicht wurde: „Dem, der hinausging, um hingerichtet zu werden, gab man ein Stückchen Weihrauch in einem Becher mit Wein, um ihm das Bewußtsein zu nehmen" (Babylonischer Talmud, Sanhedrin 43 a). Der mit starkem Gewürz versehene Wein sollte also die Qualen der Hinrichtung etwas erträglicher machen. Jesus lehnt den Wein jedoch ab.

Hiervon zu unterscheiden ist ein Geschehen, das erst später stattfindet, als Jesus bereits im Todeskampf am Kreuz hängt. Zu diesem Zeitpunkt versucht einer der Dabeistehenden, Jesus zu trinken zu geben, indem er einen Schwamm um die Spitze eines Stockes bindet, ihn mit saurem Wein füllt und an den Mund Jesu hält (Mk 15,36). Es ist nicht mehr auszumachen, ob der Betreffende das aus Mitleid tut oder ob er Jesus nur erfrischen will, um so die Todesqual zu verlängern. Das Geschehen zeigt aber eindeutig, daß Jesus an einem *Hochkreuz* aufgehängt war; der Längsbalken muß lang und mächtig gewesen sein, und er war wohl fest und auf Dauer im Boden verankert.

Nachdem Jesus ans Kreuz genagelt ist, teilen die Soldaten seine Kleider unter sich auf (Mk 15,24). Es gehörte zu den ungeschriebenen Rechten eines Exekutionskommandos, das Eigentum, das ein Exekutierter am Leib trug, an sich nehmen zu dürfen. Bei Jesus wird es sich um das Ober- und Untergewand, um Gürtel, Sandalen und vielleicht auch um eine Kopfbinde gehandelt haben.

Während Jesus am Kreuz hängt, wird er von den Vorübergehenden – die Stadtmauer ist nicht weit entfernt – und von Zuschauern, die sich bei der Hinrichtungsstätte eingefunden haben, verhöhnt. Wie schon bei Herodes Antipas und im

Prätorium bezieht sich die Verhöhnung vor allem auf sein Messiasbekenntnis, das im *titulus* „Der König der Juden" aufgegriffen ist. So wird zum Beispiel gesagt: „Der Messias, der König von Israel! Er soll doch jetzt vom Kreuz herabsteigen, damit wir sehen und glauben!" (Mk 15,32) Im Hintergrund steht die Auffassung, daß die Kreuzigung Jesu die handgreifliche Widerlegung seines Anspruchs darstellt. Der wahre Messias würde niemals am Kreuze hängen und leiden, sondern seine Gegner vernichten.

Nach Markus betet Jesus in der neunten Stunde, also gegen 3 Uhr nachmittags, mit lauter Stimme den Anfang des 22. Psalms: „Mein Gott, mein Gott, warum hast du mich verlassen?" Dieser Gebetsruf wird von einem Teil der Umstehenden als Ruf nach Elija mißverstanden: „Hört, er ruft den Elija!" Daraufhin erfolgt der bereits geschilderte Versuch, Jesus Essigwein zu trinken zu geben. Unmittelbar darauf stößt Jesus einen lauten Schrei aus und stirbt (Mk 15,34–37).

Wie das letzte Wort Jesu tatsächlich gelautet hat, ist unter den Exegeten bis heute umstritten. Denn nur bei Markus und Matthäus betet Jesus vor seinem Tod den Anfang des 22. Psalms. Bei Lukas ruft er statt dessen: „Vater, in deine Hände lege ich meinen Geist!“ (Lk 23,46) und zitiert damit Ps 31,6. Bei Johannes schließlich lautet das letzte Wort Jesu: „Es ist vollbracht!“ (Joh 19,30). Trotz dieses Auseinanderlaufens der Überlieferung ist eine Rekonstruktion der letzten Worte Jesu möglich.

Vom vierten Evangelium kann dabei abgesehen werden. Dieses geht einen eigenen Weg und versucht mit dem „Es ist vollbracht“ das gesamte Heilswerk Jesu theologisch zu deuten. Aber auch das letzte Wort Jesu bei Lukas ist sekundär. Es entspricht deutlich lukanischer Theologie (vgl. Apg 7,59).

Auszugehen ist von Markus. Dieser kann nur auf einer sehr alten urgemeindlichen Tradition fußen, da er Ps 22,2 in aramäischer Sprache wiedergibt: *Eloi, Eloi, lema sabachthani!* Allerdings macht den Auslegern gerade das aramäische Wort *Eloi* („mein Gott“) die eigentlichen Schwierigkeiten. Denn dieses Wort war phonetisch kaum als Ruf nach dem jüdischen Nothelfer Elija mißzuverstehen. Andererseits kann die Auskunft nicht befriedigen, erst die Urgemeinde habe Jesus den Anfang des 22. Psalms in den Mund gelegt, weil sie gerade diesen Psalm schon sehr früh zur Deutung der gesamten Passion verwendet habe. Denn dann müßte auch das Mißverständnis „Er ruft den Elija" eine sekundäre Konstruktion urchristlicher Erzähler sein. Das aber ist ganz und gar unwahrscheinlich. Viel wahrscheinlicher ist, daß Psalm 22 nur deshalb schon so früh eine derart entscheidende Rolle für die theologische Deutung des Sterbens Jesu spielt, weil ihn Jesus tatsächlich am Kreuz gebetet hat. Und das Elija-Mißverständnis muß gerade durch Psalm 22 verursacht worden sein. Aber wie?

Als einfachste Lösung bietet sich an, daß Jesus mit lauter Stimme kurze Stücke oder auch nur einzelne Satzfragmente des Psalms in hebräischer Sprache gebetet hat. Zu einem lauten Zitieren des gesamten 22. Psalms dürfte er physisch nicht mehr fähig gewesen sein. Eines dieser Fragmente war der erschütternde Anfang des Psalms: „Mein Gott, mein Gott, warum hast du mich verlassen!" Dieser Satz entsprach genau der Verlassenheit und furchtbaren Todesnot Jesu. An späterer Stelle begegnet im 22. Psalm dann der Gebetsruf: *Eli attā* – „Mein Gott bist du!“ (22,11). Vielleicht war gerade dieser Gebetsruf der letzte Schrei Jesu, von dem Mk 15,37 berichtet. Jedenfalls würde mit dem Ruf *Eli attā* das Mißverständnis „Er ruft den Elija“ wirklich plausibel. Denn das hebräische *Eli attā* konnte phonetisch sehr leicht als ein aramäisches *Elijjā tā* – „Elija, komm!“ – mißverstanden werden.

Falls Jesus mit Fragmenten des 22. Psalms auf den Lippen gestorben ist, steht fest: Sein Leben endete nicht in Verzweiflung, sondern trotz der unendlichen Not in abgrundtiefem Gottvertrauen: „Mein Gott bist du – trotz allem!“

An sich muß es verwundern, daß Jesus bereits nach sechs Stunden gestorben ist. Denn meistens dauerte der Todeskampf der Gekreuzigten viel länger. Die unmenschliche Grausamkeit der Hinrichtung am Kreuz bestand gerade darin, daß sie auf einen sehr langsamen, immer wieder hinausgezögerten Tod abzielte. In den meisten Fällen wird Kreislaufversagen (orthostatischer Kollaps) die eigentliche Todesursache gewesen sein. Ein Gekreuzigter hing, sobald er keine Kraft mehr hatte, mit seinem vollen Körpergewicht in den Armen. Das mußte schon nach kurzer Zeit zu schweren Durchblutungsstörungen und beklemmender Atemnot führen. Der Delinquent richtete sich deshalb ganz unwillkürlich wieder auf, wodurch nun die Fußwunden belastet wurden. Sobald er vor Erschöpfung erneut zusammensank, begann die furchtbare Sequenz von Zusammensinken und Sich-Aufrichten von vorne. Gerade weil die Füße angenagelt waren und so den Körper wenigstens zeitweise abstützten, konnte die Agonie der Gekreuzigten – je nach der Art der Annagelung und je nachdem, ob ein Sitzpflock verwendet wurde – tagelang verlängert werden.

Wollte man, daß die Gekreuzigten starben, so zerschlug man ihnen die Beinknochen. Dann hing das Körpergewicht nur noch in den Armen, und es kam sehr schnell zum Tod durch Kreislaufversagen. Bei dem bisher einzigen Fund von Überresten eines Gekreuzigten aus der hellenistisch-römischen Antike, der im Jahre 1968 überraschend in Jerusalem gemacht wurde, fand sich nicht nur ein verrosteter Nagel, der beide Füße zugleich durchbohrt hatte, sondern es zeigte sich auch, daß beide Schienbeine auf gleicher Höhe infolge starker Schläge zerbrochen waren. Der von Johannes bezeugte Brauch des *crurifragium* (Joh 19, 32) ist damit auch archäologisch bestätigt.

Nach Johannes wird der Tod der beiden Aufrührer, die zusammen mit Jesus gekreuzigt worden sind, durch Zerbrechen der Beinknochen herbeigeführt. Jesus hingegen werden die Beine nicht zerschlagen, da er schon tot ist. Daß Jesus bereits nach sechs Stunden gestorben ist, muß durch die schwere Geißelung und den dabei eingetretenen Blutverlust verursacht worden sein.

10. Das Begräbnis

Die Kreuzesstrafe wurde in der Antike im allgemeinen noch dadurch verschärft, daß man den Gekreuzigten das Grab verweigerte. Das bedeutete konkret: Die Leichname der Exekutierten blieben so lange am Kreuze hängen, bis sie von Raubvögeln und wilden Tieren zerrissen waren. Erst dann wurden ihre Überreste irgendwo eingescharrt.

Für den antiken Menschen war eine derartige Verweigerung des Begräbnisses viel furchtbarer als für uns. Die Hingerichteten wurden auf diese Weise noch nachträglich geschändet; die Totenehre wurde ihnen genommen; ihr „Nachleben“ wurde für immer zerstört.

Für jüdisches Empfinden war die Verweigerung des Grabes aber nicht nur eine entsetzliche Entehrung der Toten, sondern darüber hinaus eine kultische Verunreinigung des Landes. Man war deshalb um das *rite* vollzogene Begräbnis so ängstlich besorgt, daß man selbst Feinde und Exekutierte sorgfältig bestattete. Der schon im alten Israel übliche Brauch, einen wegen eines Kapitalverbrechens Hingerichteten noch nachträglich zur Abschreckung und Entehrung an einem Pfahl aufzuhängen, war aus diesem Grunde zeitlich bis auf den Abend des Hinrichtungstages begrenzt:

„Wenn jemand ein Verbrechen begangen hat, auf das die Todesstrafe steht, wenn er deshalb hingerichtet wird und du den Toten an einen Pfahl hängst, dann soll die Leiche nicht über Nacht am Pfahl hängen bleiben, sondern du sollst ihn noch am gleichen Tag begraben; denn ein Gehenkter ist ein von Gott Verfluchter. Du sollst das Land nicht unrein werden lassen, das der Herr, dein Gott, dir als Erbbesitz gibt" (Dtn 21, 22 f).

Dieser Text aus dem Buche Deuteronomium wurde in der rabbinischen Exegese auf die *Gekreuzigten* ausgedehnt. Auch ein Gekreuzigter durfte nicht über Nacht am Kreuze hängen bleiben, sondern mußte noch vor Sonnenuntergang abgenommen und begraben werden.

Von hier aus wird verständlich, daß dem vierten Evangelium zufolge Abgesandte des Hohen Rates den Statthalter bitten, den Tod der drei Gekreuzigten durch das Zerschlagen ihrer Beinknochen noch vor dem Abend herbeizuführen (Joh 19, 31); nur so konnten ihre Leichname rechtzeitig begraben werden. Daß der nächste Tag ein Sabbat war, machte die Beendigung der Exekution am späten Nachmittag in jüdischen Augen noch dringender. Man darf allerdings auch vermuten, daß der Hohe Rat den Tod Jesu gesichert haben wollte.

Parallel zu dieser Aktion oder im Zusammenhang mit ihr richtet ein vornehmer Ratsherr namens Josef von Arimathäa wegen Freigabe des Leichnams Jesu eine eigene Petition an Pilatus. Ob dieser Josef ein Mitglied des Hohen Rates ist und ob er gar der Delegation des Hohen Rates angehört, die um den schnellen Tod der drei Gekreuzigten bittet, muß offenbleiben. Auf jeden Fall ist er ein Sympathisant Jesu. Und er ist ein Mann, der genügend Ansehen besitzt, daß er einen Bittgang zum römischen Statthalter wagen kann. Pilatus entspricht seinem Bittgesuch – läßt sich allerdings zuerst den Tod Jesu durch das Exekutionskommando bestätigen (Mk 15, 42–45).

Dann geht alles sehr schnell. Josef von Arimathäa sorgt dafür, daß Leinwand gekauft und der Leichnam Jesu vom Kreuz abgenommen wird. Hierauf wird Jesus in die frisch gekaufte Leinwand eingehüllt und in einem Grab beigesetzt. Frauen, die zum Jüngerkreis Jesu gehören, sind dabei anwesend.

Von dem Grab Jesu können wir uns aufgrund vieler archäologischer Parallelen in und bei Jerusalem und aufgrund der Nachrichten der vier Evangelien ein sehr anschauliches Bild machen: Es lag nahe bei dem Golgotafelsen (Joh 19, 41); es war in eines der Felsbänder gehauen, die den aufgelassenen Steinbruch westlich von Golgota durchzogen; es lag in einem Garten (Joh 19, 41);

es handelte sich um eine Grabkammer mit Bestattungsbänken auf den Seiten; es besaß eine relativ niedrige Türöffnung, durch die man nur gebückt eintreten konnte und die mit einem Rollstein verschlossen wurde (Mk 15,46); es war ein bisher unbenutztes Grab, in das noch niemand gelegt worden war (Mt 27,60; Lk 23,53; Joh 19,41).

Wir können also davon ausgehen: Der Leichnam Jesu verbleibt nicht am Kreuz, er wird auch nicht in einem Gemeinschaftsgrab für Verbrecher eingescharrt, sondern er wird in einem Familiengrab beigesetzt, dessen Lage in Jerusalem bekannt ist. Am Morgen des ersten Wochentages nach dem Sabbat werden die Frauen zu diesem Grab gehen. Aber das ist eine andere Geschichte ...

Schlußwort

Die Ereignisse der Passion drängen sich in wenigen Stunden zusammen. Verhaftung, Verhandlung des Hohen Rates, Überführung zu Pilatus, Verhör, Überführung zu Herodes, Verurteilung durch Pilatus, Geißelung, Verspottung, Hinrichtung – das alles geschieht in einer Nacht und an einem Tag. Diejenigen, die den Tod Jesu wollten, haben gewußt, warum alles so schnell gehen mußte, und sie haben ihr Geschäft gut verstanden.

Zu diesem Geschäft gehören auch die Strategien, die von den Gegnern Jesu eingesetzt werden. Der Hohe Rat verurteilt Jesus zwar intern wegen Volksverführung und Gotteslästerung. Aber vor Pilatus macht er aus dem Volksverführer einen politischen Aufwiegler und aus dem Bekenntnis Jesu das Eingeständnis, ein Messias mit politischen Absichten zu sein. Genau diese Strategie, die den wirklichen Anspruch Jesu völlig verzerrt, ist für ihn am Ende tödlich gewesen.

Aber auch Pilatus verfolgt seine Strategien. Er

will die Amnestie des Barabbas verhindern. Hierfür wird Jesus ein Mittel zum Zweck. Pilatus ist von der Durchführung seiner Strategien so beansprucht, daß er gar nicht merkt, wie er Jesus, indem er ihn anstelle von Barabbas zur Amnestie vorschlägt, bereits schuldig spricht und so die eigenen richterlichen Möglichkeiten aus der Hand gibt. Auch die politische Strategie des Pilatus ist für Jesus am Ende tödlich gewesen.

Allerdings ist Pilatus in diesem Spiel der sich durchkreuzenden Strategien trotz seiner viel größeren Macht die schwächere Figur. Der Hohe Rat verliert – ganz im Gegensatz zu Pilatus – nie die Übersicht und verfolgt sein Ziel unbeirrt. Dieses Ziel ist, Jesus ans Kreuz zu bringen. Man versteht die Unbeirrbarkeit, mit der die jüdische Behörde für Jesus den Kreuzestod zu erreichen sucht, allerdings kaum ohne den Hintergrund von Dtn 21,22f. War die Kreuzigung schon für die heidnische Antike der schändlichste und entehrendste Tod, so hatte sie für die jüdische Theologie auf der Basis von Dtn 21,22f noch eine viel negativere Symbolkraft: *Wer am Holze hing, war ein von Gott Verfluchter, ein endgültig von Gott Verlassener.* Gerade religiöse Volksverführer mußten deshalb nach jüdischem Recht am Holze aufgehängt werden, damit ihre Lehre und Praxis öffentlich entlarvt würde. Von hier aus gesehen, ist für den Hohen Rat das Paschafest mit seinen Pilgermassen nicht nur eine unliebsame Erschwerung der polizeilichen Festnahme Jesu gewesen, *sondern es gab auch positiv die Gelegenheit, Jesus öffentlich vor dem versammelten Israel als einen von Gott Verfluchten zu entlarven.* Denn hing Jesus erst einmal am Kreuz, so war offenkundig: Hinter einem solchen Menschen konnte Gott auf keinen Fall stehen.

All diese Strategien zeigen: Jesus ist zwischen die Mühlsteine von Mächten geraten, die viel stärker waren als er, die eine Auseinandersetzung mit der Wahrheitsfrage gar nicht wollten oder die es als ihre religiöse Pflicht ansahen, Jesus „unschädlich" zu machen. Dabei ist es erschreckend zu sehen, wie Gruppen im Judentum, die sich sonst erbittert bekämpfen, im Falle Jesu plötzlich untereinander einig sind. Da haben ausnahmsweise einmal Pharisäer und Sadduzäer genau das gleiche Ziel. Aber auch Pilatus und Herodes Antipas, die sich bis dahin feindlich gegenüberstanden, werden von diesem Tag an Freunde (Lk 23,12). Jesus hat dem nichts entgegenzusetzen, und deshalb schweigt er.

Auffällig für den Betrachter der Passionsereignisse ist auch der Haß, der Jesus immer wieder entgegenschlägt. Er zeigt sich in der peinlichen Szene vor dem Hohen Rat; er äußert sich in der Verhöhnung Jesu durch Herodes und seine Höflinge; er tritt zutage in der Verspottung Jesu durch die römische Kohorte, und er zeigt sich noch im Spott der Umstehenden auf Golgota.

Dieses Übermaß des Spottes hat bei vielen Auslegern zu der Meinung geführt, daß man alle Spottszenen traditionsgeschichtlich und damit auch historisch auf eine einzige Szene reduzieren müsse: auf die Verspottung Jesu durch die römischen Soldaten. Aber diese Argumentation übersieht die Tatsache, daß die Wirklichkeit meist viel komplexer ist als die glatten und einlinigen Konstruktionen der Theoretiker; sie übersieht ferner die Macht der Mimesis: daß nämlich das Böse, ist es erst geschehen, nachgeahmt – und zwar oft primitiv und geradezu sklavisch nachgeahmt wird; sie übersieht schließlich, was schon Plato gewußt hat: daß ein Mensch, der ganz gerecht und gut ist, denjenigen, die sich nicht für das Gute entscheiden wollen, unerträglich wird: sie müssen ihn tödlich hassen (Politeia 361e–362a).

Mit dem Gesagten soll keineswegs antijüdisch argumentiert oder gar neuer Haß gegen die Juden erregt werden, den es im Christentum in einer erschreckenden Weise lange genug gegeben hat. Es soll auch nicht nach Art von Passionsspielen naiv vereinfacht werden: hier der Heilige – dort die Bösen! Es wurde ja bereits zu Anfang betont, daß Pharisäer und Sadduzäer letztlich aus ihrem religiösen Gewissen heraus gehandelt haben. Die Abgründigkeit ihres Konfliktes mit Jesus ergibt sich erst dadurch, daß hier nicht einfach die Gemeinheit gegen das Gute vorgeht, sondern daß Menschen, welche die Ehre Gottes und das Gesetz Gottes verteidigen wollen, gegen einen vorgehen, der nach ihrer Meinung die Ehre Gottes lästert und das heilige Gesetz zerstört.

Zu beachten ist auch, daß in dem Konflikt zwischen Jesus und seinen Gegnern Charisma und Institution zusammenstoßen. Der Hohe Rat verteidigt Tempel und Tora im Namen Gottes gegen einen, der im Namen Gottes Tempel und Tora in Frage stellt, weil er eine noch viel tiefere Bindung Gottes an den Menschen verkündet, als sie durch Tempel und Gesetz möglich war.

Man könnte noch einen Schritt weiter gehen und zeigen, daß letztlich hinter dem gesamten Konflikt die Spannung zwischen Gesetz und Evangelium steht. Gerade dann wird klar, daß die Frage nach der Schuld der Gegner Jesu viel komplizierter ist, als sie zunächst zu sein scheint. Denn es handelt sich ja dann um einen Konflikt, in dem wir alle stehen und in dem wir uns selbst immer wieder schuldig machen: Auch wir überhören ständig Gottes wahren Anspruch, der aus dem Evangelium kommt, decken ihn mit unseren eigenen Institutionen und Gesetzen zu und verharmlosen ihn so.

Es kann beim Hinterfragen der Passionsgeschichte deshalb nicht darum gehen, die Schuld der Gegner Jesu abzuschwächen oder zu nivellieren. Im Gegenteil: Es gilt, diese Schuld in ihrer Tiefe aufzudecken, weil gerade so unser aller Schuld aufgedeckt wird.

Der Leser der Passionsgeschichte sollte sich

deshalb immer wieder fragen, mit welchen Handlungsträgern der Erzählung er sich selbst identifiziert. Identifiziert er sich nur mit Jesus und setzt er sich vollständig von dessen Widersachern ab, so hat er die Abgründigkeit des Konflikts, der da erzählt wird, noch gar nicht wahrgenommen. Erst in dem Augenblick, wo er erkennt, daß er stets von neuem genau dieselbe Rolle spielt, wie sie damals der Hohe Rat oder Pilatus gespielt haben, hat er begriffen, worum es geht.

LITERATUR

Die vorangegangene Darstellung stützt sich dankbar auf die Forschungsergebnisse von Exegeten, die als Spezialisten zum Thema der Passion Jesu gearbeitet haben. Ihre Arbeiten werden im folgenden in Auswahl genannt. Vor allem das große Werk von *J. Blinzler,* Der Prozeß Jesu, die höchst instruktive Untersuchung von *A. Strobel,* Die Stunde der Wahrheit, und der bahnbrechende Markuskommentar von *R. Pesch* wurden immer wieder herangezogen.

Blinzler, J., Der Prozeß Jesu, Regensburg [4]1969.

Bajsič, A., Pilatus, Jesus und Barabbas, in: Biblica 48 (1967) 7–28.

Boman, T., Das letzte Wort Jesu, in: Studia theologica 17 (1963) 103–119.

Gese, H., Psalm 22 und das Neue Testament, in: *ders.*, Vom Sinai zum Zion (Beiträge zur Evangelischen Theologie 64), München 1974, 180–201.

Hengel, M., Mors turpissima crucis. Die Kreuzigung in der antiken Welt und die „Torheit" des „Wortes vom Kreuz", in: *Friedrich, J. – Pöhlmann, W. – Stuhlmacher, P.* (Hrsg.), Rechtfertigung. Festschrift für Ernst Käsemann zum 70. Geburtstag, Tübingen 1976, 125–184.

Müller, K., Jesus und die Sadduzäer, in: *Merklein, H. – Lange, J.* (Hrsg.), Biblische Randbemerkungen. Schülerfestschrift für Rudolf Schnackenburg zum 60. Geburtstag, Würzburg 1974, 3–24.

Pesch, R., Das Markusevangelium, II. Teil (Herders Theologischer Kommentar zum Neuen Testament II 2), Freiburg i.Br. 1977.

Schnackenburg, R., Das Evangelium nach Markus, 2. Teil (Geistliche Schriftlesung 2/2), Düsseldorf 1971.

Strobel, A., Die Stunde der Wahrheit. Untersuchungen zum Strafverfahren gegen Jesus (Wissenschaftliche Untersuchungen zum Neuen Testament 21), Tübingen 1980.

Für die Quellenzitate wurden die folgenden Übersetzungen benutzt oder zugrunde gelegt:

Einheitsübersetzung der Heiligen Schrift. Die Bibel. Gesamtausgabe, Stuttgart 1980.

Billerbeck, P. – (H. L. Strack), Kommentar zum Neuen Testament aus Talmud und Midrasch, 4 Bde., München ^{3}1961.

Flavius Josephus, De Bello Judaico – Der jüdische Krieg. Zweisprachige Ausgabe der sieben Bücher, 3 Bde., hrsg. von *O. Michel* und *O. Bauernfeind,* Darmstadt 1959–1969.

Philo von Alexandrien, Die Werke in deutscher Übersetzung, 7 Bde., hrsg. von *L. Cohn – I. Heinemann – A. Adler – W. Theiler,* Breslau–Berlin 1909–1964.

Gerhard Lohfink

Der Tod ist nicht das letzte Wort

Meditationen

„Der Neutestamentler zeigt, wie man modern und verständlich die ungebrochenen Wahrheiten vom christlichen Sterben und von der christlichen Auferstehung heute zu sagen und zu verstehen hat. Vorbildlich ist beides: daß die ganze christliche Wahrheit betrachtet wird und daß sie gesehen wird mit den kritischen Augen eines modernen Menschen." (Josef Sudbrack in: Das neue Buch)

„Der Autor läßt nicht die Exegese sprechen. Er versucht vielmehr, den Leser über den Weg der Meditation an die biblischen Grundeinsichten heranzuführen, die den Kern der menschlichen Existenz ausmachen. Es ist ein tröstliches und tröstendes Buch, weil es von der Begegnung mit Gott in Christus spricht als ‚Ort, wo das befreiende und erlösende Handeln Gottes an der Welt seine letzte Tiefe erreicht hat'." (steyl korrespondenz)

8. Auflage, 64 Seiten, kartoniert. ISBN 3-451-17513-4

Verlag Herder Freiburg · Basel · Wien

Gisbert Greshake / Gerhard Lohfink

Naherwartung – Auferstehung – Unsterblichkeit

Untersuchungen zur christlichen Eschatologie

Dritte, um eine Auseinandersetzung mit den theologischen Gegenpositionen erweiterte Auflage

Die beiden Autoren bieten hier einen willkommenen Beitrag zu dem nach langem Schweigen wieder beginnenden Gespräch über die „Letzten Dinge", ein christliches Kernthema, das hier – auch für den kritisch Denkenden –, exegetisch und dogmatisch fundiert, auf neue Weise dargestellt wird. Der Band zeigt exemplarisch, wie wir heute verantwortet und verständlich von Tod und Auferstehung, vom Ende der Welt und vom ewigen Leben sprechen können.

Quaestiones disputatae, Band 71, 3. Auflage,
kart. lam., ISBN 3-451-02071-8

Verlag Herder Freiburg · Basel · Wien